PUBLICATION DE LA RÉUNION DES OFFICIERS.

LES

DÉPENSES ET LES TRÉSORS

DE GUERRE

PAR

A. SIMOUNEAU

ANCIEN ÉLÈVE DE L'ÉCOLE POLYTECHNIQUE
ANCIEN CAPITAINE DU GÉNIE, SOUS-INTENDANT MILITAIRE
CHEVALIER DE LA LÉGION D'HONNEUR.

Extrait du Journal des Sciences militaires

(Janvier-Mars 1876).

PARIS

IMPRIMERIE ET LIBRAIRIE MILITAIRES

J. DUMAINE

30, RUE ET PASSAGE DAUPHINE, 30

1876

LES

DÉPENSES ET LES TRÉSORS

DE GUERRE

PAR

A. SIMOUNEAU

ANCIEN ÉLEVE DE L'ÉCOLE POLYTECHNIQUE
ANCIEN CAPITAINE DU GÉNIE, SOUS-INTENDANT MILITAIRE
CHEVALIER DE LA LÉGION D'HONNEUR.

Extrait du **Journal des Sciences militaires**
(Janvier-Mars 1876).

PARIS

IMPRIMERIE ET LIBRAIRIE MILITAIRES

J. DUMAINE

30, RUE ET PASSAGE DAUPHINE, 30

1876

LES

DÉPENSES ET LES TRÉSORS

DE GUERRE.

Paris. — Imprimerie de J. DUMAINE, rue Christine, 2

LES DÉPENSES ET LES TRÉSORS

DE GUERRE.

Depuis qu'à la suite de la guerre de 1870, l'Europe presque entière a été amenée à augmenter considérablement ses armements et à modifier radicalement la constitution de ses anciennes armées permanentes, il est un grave problème qui n'a cessé de se poser fatalement devant les organisateurs militaires et qui plus d'une fois les a obligés à transformer leurs projets de réformes : c'est celui qui consiste à équilibrer les dépenses qu'occasionne l'entretien des formidables armées modernes, avec les ressources dont les nations peuvent régulièrement disposer en temps de paix. Certains pays semblent, au moins momentanément, avoir résolu le problème, et supportent, sans gêne apparente, les lourdes charges résultant d'un état militaire excessivement développé ; d'autres nations, au contraire, pour atteindre au même résultat, semblent s'être imposé un fardeau qu'elles ne pourront soutenir longtemps sans ruine. Il est donc assez intéressant d'examiner sous ce rapport quelle est la situation actuelle de la France, de faire ressortir ses ressources budgétaires, et de comparer celles-ci avec les dépenses nécessaires pour le développement de sa puissance militaire. Notre étude à cet égard nous permettra sans doute de déterminer la limite à laquelle doit s'arrêter ce développement, et d'en conclure quelle pourra être dans l'avenir, au point de vue militaire, la situation réelle de notre patrie vis-à-vis des autres nations européennes.

I.

Les ressources budgétaires de la France.

Au moment où éclata la guerre franco-allemande, la situation financière de l'Empire était loin d'être brillante. Depuis le cataclysme de 1848, mais surtout depuis la guerre d'Italie de 1859, on avait pris l'habitude, en France, de voir chaque année le total des dépenses publiques excéder sensiblement les ressources régulières. C'est ainsi que le découvert annuel du budget s'était élevé, en chiffres ronds, à

119 millions pour.	1860,
165 —	1861,
35 —	1862,
22 —	1863,
52 —	1864,
175 —	1867;

et pour couvrir en partie ces déficits, pour réduire la dette flottante, il avait fallu émettre un emprunt de 429 millions, dit du Mexique, sur lequel un prélèvement de 117 millions était déjà destiné d'avance à compenser un découvert d'égale somme, prévu pour 1868.

On conçoit donc facilement que lorsqu'il fallut, à la suite de la brusque déclaration de guerre, faire face immédiatement à d'énormes charges extraordinaires, le trésor public se trouva sérieusement obéré, les caisses de l'Etat étant vides et les ressources disponibles en papier étant presque nulles. — Il est superflu de rappeler que, depuis la fin du premier Empire, il n'existait pas en France, dans les caisses militaires, cette réserve métallique que quelques États entretiennent encore sous le nom de trésor de guerre.

Néanmoins, grâce à la confiance et à la richesse naturelle du pays, grâce surtout aux énergiques mesures qui furent prises dès le début, le service de la trésorerie aux armées ne resta pas en souffrance. D'abord un emprunt de 750 millions, émis le 12 août 1870, fut facilement couvert ; ensuite le cours forcé des billets de banque, décrété le même jour, permit de compter pour plus tard sur des ressources en quelque sorte illimitées. On avait du reste en France si peu de craintes sérieuses pour l'avenir, la quantité de numéraire disponible chez les particuliers était encore si considérable, que le billet de banque, déversé à flots sur le pays par les caisses publiques, continuait pourtant à conserver à très-peu près sa valeur nominale et ne subissait pas sensiblement de dépréciation dans les transactions volontaires.

Mais ce fut quand nos malheurs militaires furent à leur comble que l'on put envisager la profondeur du gouffre où nos finances paraissaient devoir périr. Quand après une guerre si désastreuse on ne retrouva définitivement la paix que sur les ruines de la capitale incendiée, la France se vit en présence d'une nouvelle dette intérieure énorme, près de quatre milliards, exigible à courte échéance, et d'une dette extérieure impérieuse, montant à la somme fabuleuse de cinq milliards. Evidemment l'emprunt seul permettait de faire face à ces calamités inouïes au point de vue financier. Mais la chose publique inspirerait-elle assez de confiance pour que les emprunts fussent souscrits, et ceux-ci une fois couverts trouverait-on des ressources suffisantes pour assurer le paiement de leurs intérêts annuels? Voilà les questions que le gouvernement et les législateurs avaient à résoudre.

En ce qui concerne les emprunts, émis sur le public ou sur la banque de France, on sait comment on opéra et comment, avec leur produit, les créanciers intérieurs et extérieurs furent désintéressés à bref délai. En ce qui concerne l'amortissement et le service des intérêts, l'état de la question est moins connu du public : la plupart des lecteurs militaires savent seulement qu'au prix de douloureux sacrifices, péniblement débattus, on a réussi à équilibrer à peu près les recettes et les dépenses, et à ne laisser en souffrance aucun service national.

Il nous paraît donc fort intéressant de résumer ci-après, dans une étude concise, l'ensemble des mesures financières qui ont été prises pour créer des ressources nouvelles, et après avoir relevé les chiffres précis relatifs aux recettes prévues et acquises, d'en conclure quelle est, pour l'avenir, la situation réelle de la France au point de vue budgétaire et économique.

Nous allons d'abord commencer par présenter, depuis 1869 jusqu'à l'époque actuelle, le chiffre brut des recettes annuelles jadis prévues et votées, c'est-à-dire du montant total des impôts levés. D'après les états annexés aux lois de finances présentées à l'Assemblée nationale, voici quels sont ces chiffres :

Recettes ordinaires.

1869.	1,798,187,000 francs.
1870.	1,881,952,000 —
1871.	1,880,961,000 —
1872.	2,344,795,000 —
1873.	2,467,470,000 —
1874.	2,533,262,000 —
1875.	2,588,900,000 —
1876.	2,575,028,000 —

On voit quel énorme accroissement ont reçu toutes les branches de nos revenus dans ces derniers temps. L'augmentation est bien plus considérable encore si l'on tient compte de la perte de l'Alsace-Lorraine, dont la part contributive en 1869 était estimée à 66 millions. En somme, tout compte fait, le contribuable français paiera, dans le cours de la présente année, *moitié en sus* de ce qu'il payait en 1869, dans les mêmes conditions.

Cependant, dès cette époque, il semblait déjà aux publicistes et à certains économistes que les impôts avaient atteint la limite qu'il leur était interdit de franchir; des réclamations passionnées s'élevaient contre les excès de certaines dépenses, de celles de l'armée entre autres, et le Ministre de la guerre, cédant à ces influences, se résignait par économie à ajourner certaines mesures indispensables, telles que l'organisation de la garde mobile et la transformation des places fortes et du matériel d'artillerie.

L'avenir a prouvé combien étaient inexacts les calculs que l'on faisait alors sur la puissance de production de l'impôt en France. Depuis la guerre, outre la progression naturelle et constante des dépenses, il a fallu subitement subvenir à un excédant de charges nouvelles d'environ 10 milliards en capital, ou plus exactement de 668 millions en revenu, et l'événement a démontré que les contribuables peuvent supporter, sans en être écrasés, cet énorme accroissement d'impôts, dont une faible part bien employée antérieurement eût peut-être suffi à prévenir le désastre.

Mais, sans nous étendre plus longuement sur ce sujet pour le moment, bornons-nous à examiner de quelle manière les sommes énormes, dont nous venons de relever les totaux annuels, sont prélevées sur la fortune publique, et perçues sous forme d'impôts. Nous classerons sommairement par grandes catégories les principales sources de revenus, en chiffres ronds :

Les contributions directes, — qui comprennent l'impôt foncier, les portes et fenêtres, l'impôt personnel et mobilier, les patentes, — donnaient 332 millions en 1869. Leur progression a été assez lente. Elles ont produit 329 millions en 1872, 375 en 1873, 382 en 1875, et sont prévues pour 384 millions dans le budget de 1876. Evidemment il y avait un parti pris, chez les législateurs, de ne pas surcharger cette source de production. Mais il est vrai que certaines taxes *directes,* assimilables à ces contributions, telles que les impôts sur les chevaux, voitures, domestiques, billards, cercles, etc., ont subi une progression bien plus forte. De 7 millions en 1869, ces taxes se sont en effet élevées à 10 millions en 1872, 16 en 1873, 18 en 1874, 20 en 1875 et enfin 23 millions en 1876.

Les contributions indirectes ont produit successivement 660 millions en 1869, 771 en 1872, 879 en 1873, 947 en 1874; elles produiront vraisemblablement 963 millions en 1875 et 995 millions en 1876. On voit que c'est là la source principale de nos revenus nouveaux, puisqu'il est à présumer que, dans une période de dix ans, ces impôts divers auront à peu près doublé de produit. Nous n'en entreprendrons pas l'énumération. Bornons-nous à signaler de ce chef, comme donnant les revenus les plus importants, le droit sur les boissons, qui de 250 millions en 1869 s'élève à 290 en 1872 et à 372 millions en 1876 ; le produit de la vente des tabacs, qui monte de 254 millions en 1869 à 304 millions en 1876 ; le droit sur les sucres, qui passe en six ans de 65 millions à 106 ; les impôts sur les allumettes, la chicorée, le papier, les huiles, les savons, créés depuis la guerre, et qui donneront ensemble plus de 39 millions en 1876 ; la taxe sur les transports en chemin de fer qui produira 48 millions ; etc.

Le timbre et l'enregistrement doivent donner ensemble 606 millions en 1876. Ils n'avaient produit que 456 millions avant la guerre en 1869, et 551 millions en 1873.

Les douanes et les sels fourniront 236 millions en 1876, contre 144 millions en 1869, 161 millions en 1872, et 222 en 1874. C'est aussi dans cette branche d'impôts indirects que nous constatons une des plus fortes augmentations, plus des trois cinquièmes du principal antérieur. Encore, les tarifs de 1876 sont-ils inférieurs sensiblement à ceux de 1875 !

Les domaines et les forêts nous présentent, au contraire, en 1876, une diminution sur 1869. De 58 millions avant la guerre leur produit s'abaisse à 51 millions à l'époque actuelle. Le fait est assez exceptionnel pour mériter d'être signalé, et il a en partie pour cause la réduction du territoire national.

Les postes et télégraphes, après avoir produit ensemble 104 millions en 1869, ont vu leurs recettes s'élever à 128 millions en 1872, par suite de surélévations de tarifs, et celles-ci se maintiennent à peu près à ce chiffre depuis cette époque.

L'impôt sur le revenu des valeurs mobilières, création nouvelle qui, l'année même de son établissement (1873), produisait 24 millions, donnera largement 34 millions l'année prochaine.

Les revenus de l'Algérie ont été élevés en six ans de 16 millions à 23.

Bref, sans relever, une à une, toutes les sources de revenus qui existent actuellement en France, nous venons de constater que l'ensemble des impôts levés sur les contribuables avait subi, en moyenne, une augmentation de 50 pour 100 sur les impôts antérieurs à 1869.

Cependant, non-seulement ces impôts rentrent sans difficultés, mais encore ils donnent — au moins pour la présente année — une plus-value importante sur les prévisions. Seuls, les nouveaux impôts ont, au début, occasionné quelques mécomptes ; mais cela tient à ce que tout nouvel impôt exige, pour donner le rendement prévu, un certain laps de temps, une période d'acclimatation en quelque sorte, nécessaire au contribuable pour se rendre bien compte des nouvelles taxes, et pour prendre l'habitude des paiements qu'il devra faire dorénavant avec régularité.

En tenant compte de l'accroissement normal des anciens impôts, accroissement mathématiquement calculé par l'expérience de plus de cinquante années, en tenant compte aussi de la perte de l'Alsace-Lorraine, il est facile de se représenter la valeur et le rendement exact des nouveaux impôts établis depuis la guerre. Le total de ceux-ci dépasse 638 millions pour 1874, dépassera sans doute 700 millions en 1875, et s'élèvera, très-probablement, à 720 millions en 1876.

C'était pourtant chose assez difficile pour les législateurs, non pas de frapper des impôts nouveaux, — il n'y avait que l'embarras du choix, — mais de discerner quels étaient ceux qui offraient le moins d'inconvénients. Il ne s'agissait pas, comme le proposaient certains publicistes, d'augmenter de moitié tout simplement l'ensemble des anciens impôts. Encore fallait-il rechercher ou présumer quels étaient ceux qui étaient susceptibles d'augmentations sérieuses, et quels étaient au contraire ceux dont la fraude ou les frais de perception eussent arrêté l'accroissement si l'on eût tout simplement élevé les tarifs. En outre, certaines considérations politiques, morales ou économiques, devaient intervenir dans le choix à faire. D'une part, on tenait à laisser de côté les anciens impôts directs, soit parce que les propriétaires fonciers paraissaient déjà assez chargés antérieurement, soit parce que trente départements ayant été occupés et rançonnés par l'ennemi, il ne paraissait pas possible de demander à la terre de nouveaux sacrifices. D'autre part, on n'osait trop ouvertement chercher dans les douanes extérieures le principal accroissement de nos revenus, parce que l'établissement d'un régime énergiquement protecteur, notamment sur les matières premières, rencontrait d'invincibles résistances chez certains industriels, et parce que le désastreux exemple donné à ce sujet par les États-Unis après la guerre de la Sécession avait singulièrement discrédité le système.

Ce fut donc surtout sur les impôts indirects que se porta tout l'effort et toute l'imagination des législateurs. Bien que l'étude en soit curieuse et instructive, nous n'entrerons pas ici dans l'examen détaillé de toutes les propositions qui furent faites en ce sens à l'Assemblée nationale et de celles qui furent, après diverses alternatives, rejetées, acceptées ou amendées quant aux tarifs. Nous allons nous borner à relever seulement ci-après les chiffres indiquant quel a été, en 1874, le produit des nouveaux impôts votés depuis la guerre. Nous n'aurons pas de peine à constater que, ainsi que nous venons de le dire, ce sont les contributions indirectes qui forment le plus gros lot de ces augmentations.

Produit net des nouveaux impôts en 1876.

Patentes (centimes additionnels) . . .	42,733,000 francs.
Taxes sur chevaux, voitures, billards, cercles, etc.	15,179,000 —
Enregistrement (Second décime et demi).	42,058,000 —
— (Surélévation de droits divers).	44,145,000 —
Timbre (Décime et droits proportionnels).	33,872,000 —
— (Quittances, factures, effets de commerce).	24,770,000 —
Douanes (Cafés, thés, cacaos, etc.) . .	60,433,000 —
— (Droits divers, sucres, viandes salées).	32,574,000 —
Contributions indirectes[1] (Vins, alcools, bières). . .	78,377,000 —
— (Sucres indigènes). . .	30,972,000 —
— (Tabacs)	54,532,000 —
— (Papiers)	10,022,000 —
— (Dixième des chemins de fer et de petite vitesse)	41,108,000 —
— (Cartes à jouer, poudres, chicorées, huiles, allumettes, savons, augmentations diverses, etc.). . . .	69,988,000 —
Postes.	21,498,000 —
Télégraphes.	2,370,000 —
Impôt de 3 0/0 sur les valeurs mobilières.	34,174,000 —
Total général des augmentations. .	638,705,000 francs.

Ainsi, de 1871 à 1874, c'est-à-dire dans une période de quatre années, on a pu découvrir et voter de nouvelles sources de reve-

---

[1] Le total des augmentations sur les contributions indirectes seules s'élève ainsi à 284,099,000 francs, comme on peut le vérifier d'après ces chiffres partiels.

nus pour une somme approchant de 640 millions par an, afin de faire face, à peu près, aux charges nouvelles résultant de la guerre. Pour 1875, quelques surélévations ont en outre été votées; avec la plus-value naturelle des anciens impôts, elles devaient accroître nos revenus de 55 millions environ; mais on a constaté bien vite, avec autant de satisfaction que de surprise, que les prévisions et estimations du ministère des finances et de l'Assemblée nationale étaient restées très au-dessous de la réalité. Autant qu'on peut en juger à l'époque actuelle, où tous les comptes ne sont pas apurés, les recettes pour 1875 dépasseront de plus de cent millions de francs les chiffres prévus. Il n'est pas douteux que pour 1876 cette progression ne s'accentue encore.

Ainsi, malgré les pronostics pessimistes de certains économistes, malgré l'opposition désespérée de certains législateurs et de quelques industriels personnellement lésés dans leurs intérêts, on a pu surélever en France d'une manière inouïe la production d'un grand nombre d'impôts, et non-seulement les prévisions fâcheuses ne se sont pas réalisées quant au rendement d'ensemble, mais encore le total des recettes encaissées a dépassé considérablement toutes les espérances, sans qu'il y ait eu souffrance manifeste dans le pays et dans ses productions, sans que les frais de justice, de poursuite ou de perception se soient élevés sensiblement.

Ce résultat si remarquable, qui prouve à un si haut degré, la vitalité, l'énergie, l'esprit de travail de la nation française, peut maintenant indiquer quelles peuvent et doivent être à ce sujet les espérances pour l'avenir, si l'on veut bien comparer les chiffres des impôts que nous avons relevés ci-dessus avec les chiffres qui indiquent le développement de la richesse nationale.

En effet, si l'on veut prendre la peine d'établir à diverses époques le calcul du revenu total de la nation, — en se basant soit sur certaines données positives pour la valeur et le rendement des terres, des usines, du matériel et des marchandises, soit sur des estimations suffisamment exactes pour représenter le chiffre du revenu des capitaux et du travail manuel ou intellectuel, — on pourra être assez surpris de reconnaître que, depuis plus de cent ans, le revenu total des Français s'est accru énormément plus vite que l'impôt. Seulement, il y a eu des inégalités fort sensibles dans la progression. Tandis qu'à l'époque de la taille et de la gabelle, vers la fin du dernier siècle, le contribuable était littéralement écrasé sous le faix et donnait lieu à d'énormes frais de poursuite et de perception, on voit les charges relatives diminuer peu à peu au commencement du premier Empire, grâce au bon ordre rétabli par le souverain dans les finances publiques. Puis les calamités des guerres finales, l'invasion, les lourdes indemnités à payer grèvent de nouveau le budget au commencement de la Restauration, et il faut ensuite 25 années de prospérité, sous le régime monarchique, pour relever le taux de la proportion qui existe entre la fortune nationale et le chiffre des impôts qui la frappent. Mais alors survient un temps d'arrêt, et même un pas en arrière : c'est le résultat de la Révolution de 1848, des événements politiques qui accompagnent les premières années de Napoléon III, de la disette, de la guerre de Crimée ; le développement de la richesse générale se ralentit, alors que l'impôt de son côté progresse rapidement. Puis enfin, détente nouvelle, arrivent les quinze dernières années de l'Empire, pendant lesquelles, tandis que l'impôt ne subit qu'une aggravation modérée, la fortune publique nationale marche à pas de géant, et dépasse toute proportion antérieure avec les charges des contribuables.

Mais, au commencement de ce travail, nous avons vu à quel prix, pendant cette dernière période impériale, on était arrivé à satisfaire ainsi, en apparence, les intérêts des contribuables : c'est au prix de déficits continuels, couverts par la ressource trompeuse des emprunts, au prix de l'abandon des dépenses publiques nécessaires, telles que l'entretien de notre puissance militaire. C'est donc à juste titre que l'on peut qualifier sévèrement le système qui fut appliqué en finances pendant les dernières années de l'Empire. On croyait alléger le contribuable — qui n'en savait nul gré au pouvoir et ne cessait du reste de manifester son opposition par ses plaintes, — et on lui réservait la lamentable déception d'être obligé de lui infliger tout d'un coup, après une guerre désastreuse, des surtaxes totales, égales à la moitié du chiffre des anciens impôts. N'eût-il pas mieux valu, au prix d'une impopularité passagère, profiter de la prospérité croissante du pays pour exiger de lui, non-seulement l'équilibre des finances et l'amortissement partiel des emprunts antérieurs, mais encore les sacrifices nécessaires pour les grands travaux publics et pour le maintien d'une redoutable force militaire ?

Quoi qu'il en soit, malgré le brusque à-coup dans les charges imposées, que nous avons signalé depuis 1871, la prospérité et la richesse du pays sont encore immenses. Les tableaux récemment publiés sur le commerce intérieur et extérieur, les statistiques des métaux précieux, le cours des fonds publics, en fournissent une preuve indéniable. En défalquant les dix dernières années de l'Empire et deux ou trois années du règne de Louis-Philippe, *on peut affirmer que jamais la population n'a supporté des charges aussi faibles relativement à ses revenus totaux.*

Ne nous laissons donc pas émouvoir par les plaintes intéressées de ceux auxquels il faut péniblement arracher une part des gains et bénéfices résultant de leurs sueurs et de leurs travaux. Sans doute il est momentanément pénible pour des législateurs soucieux de leur popularité de rehausser certains tarifs ou de rechercher de nouvelles matières imposables ; mais que la grandeur du but à atteindre et l'importance des résultats désirés fassent oublier momentanément les difficultés ou les plaintes émanant de telle ou telle catégorie de possesseurs ou de producteurs! Il est certain que, quoi qu'on fasse, il y aura toujours des intérêts sacrifiés, des inconvénients signalés, *mais il ne peut en être autrement.*

D'ailleurs, est-il si difficile, au fond, de trouver des solutions au difficile problème de frapper des impôts équitables et supportables? Dans les dernières sessions de cette Assemblée nationale de 1871, élue au milieu des ruines de la patrie envahie, combien n'en a-t-on pas proposé de ces taxes nouvelles qui n'ont été rejetées à une faible majorité que parce qu'elles n'étaient pas absolument indispensables? Croit-on que l'impôt foncier, qui ne donne même pas 175 millions au profit de l'Etat, ne pourrait pas être surélevé d'un quart ou un cinquième, s'il le fallait absolument ? Les raisons valables en 1871 pour écarter cette augmentation, c'est-à-dire l'occupation et la dévastation de trente départements, ont cessé d'exister. Ne trouverait-on pas là au besoin 40 ou 50 millions ?

Et l'impôt sur le revenu, que les Anglais ont subi avec tant de patriotisme pendant si longtemps, n'est-il pas applicable en France? L'impôt sur le sel qui existe presque partout en Europe au double et au triple des tarifs français, l'impôt sur la mouture du blé qui a donné récemment des résultats si inattendus en Italie, la surélévation des taxes proportionnelles sur les successions suivant le degré de parenté, l'impôt du timbre sur les journaux et imprimés, la révision du cadastre, — et notamment le recensement exact des vignes, — ne sauraient-ils fournir au besoin, chaque année, des sommes importantes? Supposons que notre impitoyable ennemi ait impérieusement exigé six ou huit milliards, au lieu de cinq, pour accorder la paix, ou mieux supposons qu'il eût consenti à nous laisser l'Alsace et la Lorraine moyennant une compensation pécuniaire de cinq autres milliards, quel Français n'eût pensé qu'il était certainement possible de trouver, grâce à l'impôt, le revenu nécessaire pour solder au moins les intérêts de ces énormes sommes?

De ce qui précède concluons donc que, quelque considérable que paraisse au premier abord l'accroissement qu'ont subi nos recettes budgétaires depuis la dernière guerre, cet accroissement n'est nullement disproportionné avec le développement de la richesse publique de la France. Notre budget de recettes annuel, qui va s'élever, pour 1876, à près de 2,600 millions, est loin d'être un maximum qu'il nous est interdit de dépasser. Au contraire, sans nous laisser épouvanter par l'énormité des chiffres, il est nécessaire de se représenter sans cesse ce budget comme un des termes ordinaires de la progression croissante de nos recettes et de nos dépenses. Loin d'être « écrasant » pour le pays, il est relativement moins lourd pour le contribuable que les trois quarts des budgets du présent siècle.

Voilà ce que nous tenions à établir avant de passer à l'étude des dépenses qui nous paraissent devoir être un jour forcément imposées à la France.

II.

Les dépenses ordinaires et le ministère de la guerre.

Les dépenses ordinaires annuelles de l'Etat, il est presque superflu de l'affirmer, ne sauraient s'élever constamment au même chiffre, quel que soit le degré de régularité et de précision de la marche des affaires publiques. Outre les variations accidentelles résultant de changements dans les besoins, dans les mœurs, dans les événements, il existe en effet une cause persistante de modifications qui, depuis le commencement de ce siècle surtout, se traduit par un accroissement lent, mais presque continu : cette cause, c'est la cherté toujours croissante des choses, autrement dit la dépréciation des métaux d'échanges, — or, argent ou autres, — vis-à-vis des objets de consommation naturels ou fabriqués. De là, la nécessité de payer plus cher les fonctionnaires ou autres agents, et de dépenser davantage pour les constructions, fabrications ou achats publics.

Sans rechercher ici quels sont les motifs de cette dépréciation des métaux d'échange, — s'ils proviennent principalement de la découverte et de l'exploitation de nouvelles mines d'or et d'argent, ou s'ils résultent au contraire du développement du bien-être et de la civilisation, qui rend les besoins de chacun plus difficiles à satisfaire, — contentons-nous de constater le fait en lui-même, fait indiscutable et universel, que chacun peut vérifier en comparant, sur pièces authentiques, le prix actuel de la plupart des objets usuels avec la valeur de ces mêmes objets[1] il y a trente, cinquante, cent ans.

---

[1] Il y a bien des objets, cependant, pour lesquels l'augmentation ne s'est pas fait sentir ; mais, dans ce cas, il y a pour chacun d'eux quelque raison explicative spéciale. Ainsi, un sac de blé ne coûte pas plus cher maintenant que du temps de Henri IV ; mais cela tient à ce que la facilité des transports permet d'importer en France, à vil prix, les blés de Russie ou d'Australie. De même, une grande glace de cristal, une riche étoffe de soie, un bel outil d'acier se vendent moins cher, en valeur absolue, qu'il y a deux cents ans ; cela provient des immenses progrès de l'in-

Ce serait donc une erreur grossière de croire qu'un Etat est mal administré parce que ses dépenses augmentent sans cesse, et les nécessités de la politique expliquent seules les sophismes de certains publicistes, qui, pour discréditer un gouvernement ou un régime, n'hésitent pas, avec de grands éclats d'indignation, à comparer les dépenses brutes de celui-ci avec celles du gouvernement qui l'a précédé. Il paraît pourtant que ce procédé de polémique est efficace et exerce sans cesse l'influence attendue sur l'esprit de populations ignorantes, car la lecture des journaux ou écrits publics nous montre que ce mode de dénigrement est constamment en pratique et en faveur depuis plus de cent ans.

Nous ne prendrons donc pas la peine de relever les chiffres exacts des dépenses ordinaires de l'Etat dans les périodes passées. Car ces chiffres ne nous indiqueraient rien par eux-mêmes et il faudrait compléter chacun d'eux par l'indication de sa valeur relative, calculée d'après divers documents difficiles à établir et à apprécier. Nous nous bornerons à considérer seulement nos budgets de dépenses pour la période tout à fait contemporaine, c'est-à-dire pour les années immédiatement antérieures à la dernière guerre et pour celles qui l'ont suivie.

Or, en réservant à part les dépenses extraordinaires,—dont nous mettrons plus tard le total en regard des emprunts et des ressources spéciales destinés à les satisfaire, — voici quels sont les chiffres relatifs aux dépenses ordinaires de l'Etat votés depuis huit ans :

Dépenses.

1868.	1,883,516,222 francs.
1869.	1,740,213,970 —
1870.	1,878,935,000 —
1871.	1,852,103,938 —
1872.	2,334,759,208 —
1873.	2,374,804,134 —
1874.	2,532,689,922 —
1875.	2,584,452,831 —
1876.	2,570,000,475 —

Les dépenses prévues sont annuellement déterminées avec autant d'exactitude que possible, d'abord par les bureaux des ministères

---

dustrie, et du développement d'une fabrication économique. Au contraire, pour acheter une poule, un boisseau de pommes, une mesure de bois à brûler, une ceinture de cuir, un tissu de chanvre à la main, il faut donner, en poids, huit ou dix fois plus d'argent monnayé maintenant, qu'il n'en fallait il y a trois siècles.

intéressés, puis par les pouvoirs législatifs, qui, dans l'été qui précède chaque année, les examinent, les modifient et finalement les votent. Mais on conçoit que les chiffres ci-dessus, résultat de simples prévisions, ont toujours été plus ou moins fortement altérés par la réalité des faits accomplis. Lorsque, au moment de l'apurement définitif des comptes, on vient donc comparer les dépenses réellement subies avec les recettes encaissées, — qui, elles aussi, ont subi sur les prévisions quelques modifications, — il faut de nouveau régulariser l'équilibre, et s'il y a déficit, ce qui est le cas le plus ordinaire, il faut chercher des ressources spéciales pour le couvrir. Comme on le sait, ces ressources consistent généralement, soit dans l'émission d'un emprunt qui vient accroître à perpétuité le chiffre de la dette consolidée de l'Etat, soit dans la mise en circulation de bons ou de billets, qui n'accroissent que temporairement la dette flottante, mais qu'il faut finir tôt ou tard par rembourser ou consolider.

Nous examinerons plus loin comment se répartissent, entre les différents départements ministériels, les chiffres totaux que nous venons d'établir; nous rechercherons alors avec soin si ces chiffres peuvent être modifiés les uns par rapport aux autres, et si le ministère de la guerre peut arriver à être doté plus largement, soit par suite de ces modifications relatives, soit plutôt par suite d'un accroissement général des ressources budgétaires, ainsi que nous l'avons fait pressentir plus haut.

Mais il importe d'abord d'examiner, avec certains détails, quelles sont les dépenses annuelles de ce ministère, réparties suivant la nature des besoins, c'est-à-dire subdivisées en chapitres et articles, se rapportant tous à la satisfaction de nécessités militaires différentes, mais bien déterminées. C'est par l'étude de ces dépenses réelles, par leur comparaison avec celles qui seraient nécessaires, que nous arriverons ainsi à certaines conclusions que nous prétendons inévitables.

Le total des dépenses prévues en 1876 pour le ministère de la guerre, s'élève à la somme de 500,037,115 francs. Ce chiffre est le plus fort qui, en temps de paix, ait jamais été admis en France pour ce seul ministère. Voici, en effet, les chiffres analogues pour les années précédentes, en mettant à part, bien entendu, toutes les dépenses extraordinaires qui ont été faites récemment, soit pour la conduite de la guerre, soit pour la reconstitution ultérieure du matériel détruit pendant celle-ci :

Budgets ordinaires du ministère de la guerre.

1869.	384,157,428 francs.
1870.	385,328,476 —
1871.	374,421,177 —
1872. . , ...	431,000,000 —
1873.	431,023,300 —
1874.	466,509,226 —
1875 . . . . , . . .	493,776,321 —

D'un premier examen de ces chiffres, il ne faudrait pas conclure trop précipitamment qu'en quelques années nos dépenses militaires *habituelles* se sont élevées de plus d'un tiers. Car, entre autres causes de cette augmentation, il y en a deux qui résultent de notre état politique général, et qui font qu'à un accroissement considérable de dépenses ne correspond pas du tout un semblable accroissement de puissance militaire.

La première de ces causes, c'est l'existence même des charges imposées par la guerre, c'est-à-dire des nouveaux impôts, qui pèsent aussi bien sur les choses militaires de l'Etat que sur le reste du pays ; il a donc fallu, d'une part, payer plus cher les achats des objets confectionnés ou des matières premières, ainsi que la nourriture des hommes et des chevaux, d'autre part, augmenter sensiblement la solde des officiers et soldats.

La seconde cause provient de la destruction plus ou moins complète, ou de l'usure prématurée, d'une foule d'objets ou de matériel en service, qui se manifestent par des remplacements anticipés et nombreux, mais dont la constatation n'est pas assez précise pour que l'imputation des dépenses soit faite sur des budgets extraordinaires, ou sur le compte de liquidation.

Il y a, du reste, un moyen simple de se rendre compte de l'importance réelle des dépenses du ministère de la guerre, par rapport à l'état financier de la France, c'est de rechercher quelle est la proportion de ces dépenses avec celles que le pays supporte en tout.

Or, en 1869, sur un budget total de 1,740 millions, l'armée absorbait 384 millions, c'est-à-dire 22 p. 100. Au contraire, en 1876, sur une dépense totale de 2,570 millions, le ministère de la guerre ne prendra que 500 millions, c'est-à-dire 19 1/2 p. 100. Ces chiffres sont bien significatifs.

Comparons-les, en effet, avec les proportions analogues relevées pour diverses nations étrangères. En 1874, voici ce que les dépenses militaires des principaux Etats européens ont pris, pour 100, du revenu total de l'Etat :

Russie, 31 p. 100 ; Serbie, 30 ; Suède et Norwége, 23 ; Allemagne, 22 ; Espagne, 21 ; Grèce, 20 ; Roumanie, 20 ; Danemark, 19 ; Suisse, 18 ; Belgique, 18 ; Turquie, 18 ; Autriche, 18 ; Angleterre, 17 ; Hollande, 17 ; Italie, 14 ; Portugal, 14 [1].

Nous voyons donc que la France occuperait dans cette liste le rang intermédiaire entre la Roumanie et le Danemark, c'est-à-dire que, sur ce point, elle est sensiblement dans la moyenne des Etats européens. Il est vrai que si nous avions considéré, pour cette année 1874, les dépenses extraordinaires, le *pour cent* se serait alors élevé à 25, et, dans ce cas, la Russie et la Serbie seules marcheraient, sous ce rapport, avant la France.

Le budget total du ministère de la guerre se subdivise en vingt-trois chapitres, d'importance bien inégale. Avant de nous livrer à des considérations générales sur les budgets et sur les augmentations futures qui nous paraissent indispensables, il importe donc, d'abord, de passer en revue, sommairement, chacun de ces chapitres, et d'en examiner la situation.

I, II, III. Personnel et matériel de l'administration centrale. Dépôt de la guerre. — Ensemble : 3,318,825 francs. L'organisation du ministère a été réglée par divers décrets et décisions successifs, qui, en somme, n'ont généralement exercé qu'une influence très-minime sur le total des dépenses de ces chapitres. On sait comment, depuis la guerre, les directions et bureaux ont été remaniés, comment on a récemment créé le grand état-major général. Il n'est donc pas probable que, d'ici à longtemps, on apporte de nouveau de sérieuses modifications à cette organisation.

Le personnel du ministère compte 439 officiers, fonctionnaires et employés, et 133 huissiers ou agents secondaires. Le chauffage seul des bureaux coûte 75,000 francs, l'achat des fournitures diverses de papeterie, 45,000 francs, et les imprimés, 395,000 francs. Ces chiffres n'ont évidemment rien d'exagéré.

Le dépôt de la guerre a reçu, cette année, un léger supplément de crédit de 36,000 francs sur l'année précédente. Cette somme était nécessaire pour la création de nouvelles bibliothèques militaires, et pour couvrir les frais de tirage des cartes, qui prennent chaque année de plus en plus d'accroissement. En 1867, le dépôt ne tirait que 20,991 feuilles ; il en produisait 93,880 en 1870, et 107,235 en 1872. Les tirages des cartes en couleur, aujourd'hui si recherchées, prennent de plus en plus de développement. Ces augmenta-

---

1 Ces chiffres sont extraits d'un travail que nous avons fait paraître, en décembre 1874, dans le *Journal des Sciences militaires*, sous le titre : *Les effectifs, les cadres et les budgets des armées européennes : Étude de statistique comparée.*

tions, bien qu'importantes, ne nous paraissent pas encore suffisantes. La géodésie française, qui brillait jadis d'un si vif éclat, et qui, depuis quelques années, était presque tombée dans l'oubli, mérite surtout de recevoir des encouragements sérieux et de voir son personnel et son budget mis à la hauteur de l'importance du service.

IV. ÉTATS-MAJORS, 24,769,173 francs. — La loi du 13 mars 1875 sur les cadres de l'armée a déterminé le nombre des officiers des états-majors généraux ou particuliers entretenus en temps de paix. On sait que, dorénavant, l'armée française comptera 100 généraux de division et 200 généraux de brigade, 400 officiers d'état-major (dont 40 colonels et 40 lieutenants-colonels), 284 officiers de l'état-major de l'artillerie (dont 37 colonels, 37 lieutenants-colonels et 98 chefs d'escadron), 486 officiers de l'état-major du génie (dont 33 colonels, 33 lieutenants-colonels et 124 chefs de bataillon). A ces chiffres, il faut ajouter ceux du corps de l'intendance, ceux des officiers généraux du cadre de réserve et des officiers de l'état-major des places, lesquels disparaissent par extinction, puis 514 gardes d'artillerie, 166 contrôleurs, 177 ouvriers et 260 gardiens de batterie, 570 adjoints du génie et 292 portiers-consigne, etc.

Les fixations de la solde et des indemnités diverses auxquelles ont droit ces officiers ou employés, dépendent de l'étendue de leur commandement, de la nature de leurs fonctions, de leur résidence, etc. Chaque année, on fait aussi exactement que possible le calcul préalable de la dépense, suivant les prévisions, et c'est ainsi qu'on est arrivé, d'après les tarifs, au chiffre ci-dessus pour 1876. Du reste, on espère que, pendant quelques années encore, des diminutions assez sensibles résulteront des extinctions à survenir dans le cadre de réserve et l'état-major des places.

Nous n'étudierons pas ici la quotité des tarifs ; ils sont inscrits dans tous les barèmes administratifs. Contentons-nous de constater qu'ils ne sont pas élevés, et que, pour les très-hautes fonctions notamment, ils ne sont nullement en rapport avec l'importance des personnes qui les occupent. Que l'on compare les tarifs de solde de nos généraux avec ceux des grands dignitaires de l'armée anglaise, avec les riches dotations usitées en Russie et en Allemagne, etc. !

V. GENDARMERIE NATIONALE. — Ce chapitre, dont le total s'élève pour 1876 à 40,973,300 francs, ne comprend que les dépenses spéciales de la solde et des abonnements de la gendarmerie. Les autres dépenses de vivres, chauffage, etc., sont classées dans les chapitres auxquels elles se rattachent par leur nature. Les dépenses du casernement ne sont pas à la charge du département de la guerre.

L'arme de la gendarmerie se compose :

1° De trente légions départementales, comprenant ensemble 615 officiers de tous grades et 20,897 gendarmes ;

2° D'une légion d'Afrique (la 31°), comptant 24 officiers et 876 gendarmes ;

3° D'une légion mobile, destinée spécialement à la garde des pouvoirs publics à Versailles : 37 officiers, 1,166 gendarmes ;

4° De la garde républicaine, forte de trois bataillons et six escadrons, ayant ensemble 127 officiers et 3,615 gendarmes. La moitié des dépenses de la solde de cette garde est remboursée par la ville de Paris.

En moyenne, un gendarme non gradé des brigades départementales coûte annuellement pour sa solde 1,090 francs s'il est à pied, et 1856 francs s'il est à cheval (nourriture du cheval comprise); un gendarme de la légion mobile coûte par an 1,406 francs à pied, et 2,215 francs à cheval; et enfin un garde républicain coûte, à pied, 1,237 francs, et à cheval 2,047 francs par an.

On voit que ces chiffres sont relativement élevés, et cependant on est forcé de reconnaître qu'ils ne suffisent pas encore pour assurer aux défenseurs de l'ordre et de la loi une existence modeste, mais exempte de privations. Le recrutement de la gendarmerie devient de plus en plus difficile, et il est à craindre que dans quelques années il ne devienne tout à fait insuffisant.

Aussi, pour 1876, a-t-il fallu chercher à améliorer encore la situation des gendarmes ; il a donc été décidé que dorénavant la haute paye journalière de ces militaires serait fixée à 30 centimes après cinq ans de services, et à 50 centimes après dix ans. Comme compensation et par économie on a dû mettre à pied un certain nombre de brigades à cheval, ce que rendait possible la nouvelle extension de nos voies ferrées.

VI. SOLDE ET PRESTATIONS EN NATURE. — Ce chapitre des budgets est de beaucoup le plus considérable. Il atteint en bloc, pour 1876, la somme de 283 millions. Il comprend tout ce qui se rapporte aux dépenses de l'entretien proprement dit des corps de troupe de toutes armes, c'est-à-dire qu'il englobe toutes les dépenses de solde, d'indemnités, de nourriture, de chauffage, etc., des militaires de tous les corps de troupe.

Les dépenses prévues à ce chapitre du budget ont naturellement pour base les effectifs. Chaque année, l'exposé des motifs du projet de budget est donc obligé d'entrer dans de grands détails pour la détermination précise de ces effectifs, et pour la fixation du nombre probable de journées de présence des officiers et soldats de tout grade. Dorénavant, les cadres étant définitivement arrêtés par la loi du 13 mars 1875, seul l'effectif des hommes de troupe pourra éprouver des variations dignes d'importance. Aussi, sans nous attacher à relever les chiffres relatifs à ces cadres que les lecteurs militaires peuvent trouver dans une foule de documents, notamment dans les annuaires, nous nous attacherons seulement à examiner la situation réelle des effectifs encadrés.

Or, voici ce que dit, pour 1876, la commission chargée de présenter à l'Assemblée nationale le budget du ministre de la guerre :

« L'effectif général, entretenu, présente sur celui de 1875 une
« diminution de 28,227 hommes ; et dans l'effectif en hommes se
« trouve comprise la seconde portion du contingent qui, par suite
« de la nécessité où nous sommes de chercher des économies, ne
« passera encore, par dérogation aux prescriptions de la loi du
« 27 juillet 1872, que six mois au lieu d'une année sous les dra-
« peaux.

« En présence de cette diminution de l'effectif des hommes il ne
« vous échappera pas qu'il est plus nécessaire que jamais, dans l'in-
« térêt de l'instruction de l'armée, de ne négliger aucun moyen pour
« que cet effectif soit toujours au complet. »

Et plus loin :

« En résumé, l'exécution des lois que vous avez adoptées et
« diverses dispositions occasionnent un excédant de dépenses de
« 11,344,739 francs dont il a fallu chercher en général la compen-
« sation *dans des diminutions d'effectif.* »

Ainsi, quelque restreints que soient les minimas déterminés par la loi des cadres, ces minimas sont encore trouvés trop élevés, et ils ne seront pas atteints en 1876. Ainsi, c'est trop de fixer à 66 hommes le nombre de soldats entretenus dans une compagnie d'infanterie, à 70 canonniers le nombre total des servants ou conducteurs d'une batterie d'artillerie! Quand on songe à tout ce qui est forcément *non-valeur* dans un régiment sur le pied de paix, quand on défalque les hommes malades, punis, de garde, de corvée, de cuisine, etc., et quand pour trouver le nombre réel des hommes disponibles on en arrive à prendre environ, comme l'expérience l'indique, le tiers des chiffres ci-dessus, on est vraiment effrayé, pour la valeur et la solidité de l'armée, des réductions imposées par les fixations budgétaires.

Cette situation est assurément fort grave et doit attirer l'attention de tous les militaires. Il faut forcément arriver, soit pour le dévelop-

pement de l'instruction, soit pour la possibilité de la mobilisation,
à entretenir dans les cadres au moins les chiffres fixés par la loi de
mars 1875. Chacun de ces chiffres est strictement un minimum,
minimum qui, nous l'espérons du reste, ne sera pas longtemps main-
tenu et qui doit être surélevé d'un bon quart au moins. Tous nos
efforts doivent donc tendre à rechercher le moyen de disposer de
ressources suffisantes pour entretenir des effectifs suffisants dans
l'armée ; ces ressources existent, — le but de ce travail est de le
démontrer, — il ne s'agit donc que de les recueillir et de les
appliquer, sans se départir des règles de la plus sévère économie, au développement rationnel et normal de nos institutions militaires.

Le chiffre de l'effectif étant déterminé et devant (après augmentation) servir de base aux dépenses totales, il nous paraît inutile d'insister sur la possibilité de rechercher des économies dans des
diminutions des tarifs divers de solde ou de prestations en nature.
Chacun sait en effet combien est faible la somme qui est allouée aux
officiers et soldats pour vivre, et combien sont mesurées avec par-
cimonie les rations de pain, de vivres divers, de chauffage, etc. Il
nous paraît donc que nulle économie ne peut être tentée en ce sens.
Le régime collectif militaire a donné et donne encore tout ce qu'on
peut attendre de lui sous ce rapport, et ni dans la diminution des
tarifs, ni dans un remaniement du mode de consommation, il n'est
permis d'espérer la possibilité d'un amoindrissement des dépenses
moyennes de chaque soldat.

Il est inutile d'exposer ici les procédés employés dans les corps
de troupe pour arriver au meilleur résultat économique possible.
Tous les militaires les connaissent, ainsi que les tarifs des percep-
tions. Mais voici les chiffres d'ensemble relatifs à la sous-répartition
des dépenses de l'article VI du budget : *Solde et indemnités payables
comme la solde : corps de troupe de toutes armes*, 185 millions ;
personnel en dehors des corps de troupe, 23 millions. *Vivres, chauffage
et éclairage*, 63 millions. *Hôpitaux militaires*, 12 millions.

VII. Fourrages. — Les observations que nous venons de présenter
dans le chapitre précédent au sujet de la déplorable réduction des
effectifs en hommes, s'appliquent de la même manière au chapitre
des fourrages, relativement à la réduction de l'effectif en chevaux.
Les dépenses de ce chapitre s'élèvent à 58,458,659 francs. L'effectif
des animaux entretenus a été réduit au strict minimum parce qu'il a
fallu tenir compte en 1876, d'une part, de la cherté probable des
denrées fourragères, d'autre part, du retour de l'année bissextile.

Le nombre des chevaux compris dans l'effectif est de 84,807, parmi
lesquels il y a 13,214 chevaux de la gendarmerie.

Maintenant que le rôle de la cavalerie aux armées est nettement défini et que l'on sait que dès les premiers jours de la mobilisation cette arme doit entrer en action pour couvrir les débouchés des premières opérations, on ne peut que regretter vivement le peu d'importance du chiffre des animaux entretenus en temps de paix. Ici encore il serait nécessaire que les effectifs habituels fussent plus rapprochés des effectifs de guerre; car il semble indispensable que quatre escadrons de cavalerie dans chaque régiment et deux batteries à cheval par brigade d'artillerie soient constamment tenus, comme effectif, prêts à entrer en campagne. Or, en comparant les chiffres actuels d'entretien aux chiffres de mobilisation, et en faisant le décompte des rations de fourrages supplémentaires qui seraient nécessaires, on trouve que, pour atteindre le résultat désiré, une vingtaine de millions de francs devraient être ajoutés, dans le budget, au chapitre des fourrages. Il ne faut pas désespérer de voir ce résultat réalisé; nous essayerons de le démontrer plus loin.

VIII. Service de marche. — Ce chapitre, dont le montant s'élève à 8,454,257 francs pour 1876, est assez difficile à prévoir avec précision. Aussi, chaque année, se borne-t-on, d'après les effectifs et les mouvements probables, à en établir à peu près le décompte, sauf à en régulariser la dépense après coup par des crédits supplémentaires, lorsque le besoin s'en fait sentir.

Dans ce chiffre total les traversées entre la France continentale et la Corse ou l'Algérie (entreprise Valery) comptent pour 1,945,557 fr.; les mouvements des troupes par chemin de fer pour 1,335,000 francs et enfin les indemnités de route individuelles pour 3,467,700 francs.

IX. Habillement. — On sait qu'il ne sera plus dorénavant apporté de changements aux uniformes que par une loi. Le chiffre des dépenses de ce chapitre du budget, dont le total s'élève cette année à 26,462,265 francs, offrira donc sans doute à l'avenir une certaine fixité, ou du moins sera en relation directe avec les effectifs entretenus.

Le prix moyen de l'habillement annuel d'un homme dépend naturellement de l'uniforme de celui-ci. Ainsi un soldat d'infanterie de ligne coûte, sous ce rapport, 45 fr. 90 par an; un chasseur à pied, 51 fr. 47; un soldat du génie, 63 fr. 43; un canonnier, 63 fr. 52; un homme du train, 64 fr. 29; un hussard, 66 fr. 18; un cuirassier, 68 fr. 16. Pour les sous-officiers, la dépense moyenne est plus élevée; dans ce cas, la dépense moyenne annuelle varie entre 56 fr. 90 (infanterie) et 93 fr. 26 (cavaliers de remonte).

L'achat des effets de campement coûte 1,735,000 francs.

Mais il est bien entendu que ces totaux ne se rapportent qu'aux dépenses ordinaires. Les grands achats de vêtements et d'effets divers destinés à reconstituer nos approvisionnements et à former les réserves nécessaires en cas de mobilisation, font l'objet de crédits spéciaux, votés extraordinairement, ou à prendre sur le compte de liquidation.

X. Lits militaires, 5,223,083 francs. — On sait qu'une grande compagnie industrielle est chargée du soin de ces fournitures. On paye à l'entrepreneur du service deux sortes de prix distincts : l'un, dit de loyer d'entretien, applicable à la totalité des mobiliers de literie ; l'autre, dit de loyer d'occupation, applicable au plus grand nombre des fournitures occupées à la fois dans la même place dans le courant de chaque mois. La première sorte de ces dépenses se solde seule par le paiement de plus de 2,700,000 francs.

Le prix de loyer d'entretien d'une fourniture de soldat est fixé à 6 fr. 74 par an, celui d'occupation à 3 fr. 90 en sus.

Il existe en France ou en Algérie 1,452 fournitures et 1,102 ameublements d'officiers ; 371,544 fournitures de soldats, 10,345 d'infirmerie, 32,650 demi-fournitures et 350,000 couchettes ou châlits.

XI. Transports généraux. — Le service comprend les transports de matériel de toute nature effectués par voie de terre ou par eau, tant en France qu'en Algérie. Il est exécuté par les compagnies de chemin de fer et par des entrepreneurs de compagnies maritimes ou de roulages algériens.

La dépense prévue pour 1876 est de 3,170,000 francs. Mais ce chiffre n'a qu'une valeur approximative. Chaque année, après le service effectué, il faut généralement quelque crédit supplémentaire pour payer des dépenses en excédant, et résultant de mouvements imprévus.

XII et XIII. Recrutement, réserves, justice militaire, ensemble 2,752,336 francs. — Dans ces chapitres, la plupart des dépenses proviennent d'achats de matériel divers ou de fournitures de bureau et d'indemnités de déplacement. Cependant plus de 350,000 fr. sont dépensés directement pour la nourriture des détenus des prisons et pénitenciers (en dehors du pain de munition).

XIV. Remonte générale et harnachement. — Voilà encore un chapitre qui n'est doté que d'une façon incomplète, à cause des exigences économiques du budget. Son total ne s'élève qu'à 9,142,945 francs. Plus de 2 millions, imputables sur les achats de jeunes chevaux, ont été retranchés du chiffre affecté l'année dernière à ce service.

On admet, pour 1876, qu'environ 10,200 chevaux seront achetés en France et en Algérie pour le service de l'armée. Les prévisions de remplacement sont ainsi calculées en raison de la huitième partie de l'effectif à peu près.

Le prix d'achat moyen des chevaux est ainsi fixé : chevaux d'officiers de cavalerie légère, 800 francs; de toutes les autres armes, 1,100 francs. Chevaux de troupe : de cuirassiers, 900 francs; de dragons, d'artillerie (selle), des écoles, 800 francs; de cavalerie légère, de trait d'artillerie, ou des trains, 700 francs. Chevaux arabes, 600 francs.

L'entretien du harnachement en service et l'achat de ce matériel neuf, coûtent environ 800,000 francs. Le prix moyen d'une selle· complète est de 150 francs, d'une couverture de cheval 17 francs, etc.

XV. Etablissements et matériel de l'artillerie et des équipages militaires. — Ce chapitre, dont les dépenses totales montent à 14,133,660 francs, ne comprend évidemment que l'entretien *ordinaire* des établissements de l'artillerie ; c'est-à-dire que toutes les dépenses de grandes transformations de l'armement, ainsi que les constructions neuves et les agrandissements des arsenaux n'en font pas partie, ces dépenses devant être généralement soldées par des fonds spéciaux ou extraordinaires.

Voici quelques-uns des chiffres les plus saillants de ce chapitre. L'achat de métal à canons et les fonderies coûtent 325,000 francs. La construction et la réparation du matériel d'artillerie, bois, outils, etc., coûtent 1,025,000 francs. La fabrication des armes portatives exige 1,503,220 francs, les poudreries 5,047,000 francs. La confection des munitions d'artillerie coûte 600,000 francs, celle des cartouches avec l'achat du plomb, papier, 2,800,000 francs. L'atelier de précision et le dépôt de Saint-Thomas-d'Aquin absorbent 341,000 francs ; les écoles de corps d'armée et l'école de pyrotechnie, 431,000 francs.

Enfin, le chiffre des dépenses de construction et de réparations des équipages militaires, qui, comme on le sait, ressortissent maintenant de l'arme de l'artillerie, s'élève à 300,000 francs.

XVI. Etablissements et matériel du génie, 9,850,000 francs. — Il y a lieu de faire la même observation que pour le chapitre précédent. Les grands travaux résultant de la transformation de nos places fortes et du développement subit du casernement ne figurent pas dans le budget ordinaire; des crédits spéciaux y pourvoiront.

Dans le total ci-dessus, l'entretien et la réparation des fortifications comptent pour 2,050,000 francs ; celui du casernement pour 6,785,000 francs, y compris le traitement des agents préposés à sa garde. Le dépôt des fortifications et les quatre écoles régimentaires absorbent le reste.

Un document annexé à l'état explicatif de ces dépenses est assez curieux à consulter. C'est celui qui relève et constate le prix de location des immeubles loués par l'Etat pour divers services, notamment pour le logement des officiers généraux et des employés militaires de toute espèce. On y voit, par exemple, que, tandis que l'hôtel du général commandant coûte 20,000 francs de loyer par an à Bordeaux ; celui d'Alençon ne coûte que 1,500 francs, et celui d'Albi 1,300 francs. Ces différences sont du reste facilement explicables.

XVII. Ecoles militaires. — Il y a quelques années ces établissements étaient fort sacrifiés sous le rapport budgétaire. Actuellement leur importance est admise sans contestation, et leur dotation s'en ressent. Ainsi, en 1876 les écoles militaires figureront au budget pour 4,427,896 francs. Dans cette seule année, quatre nouvelles écoles seront créées : l'école d'administration de Vincennes, l'école des enfants de troupe de Rambouillet, l'école de tir de Blidah et enfin *l'Ecole supérieure de la guerre*, pour laquelle un crédit de 200,000 fr. a été voté d'avance.

Du reste, il ne faut pas négliger de tenir compte du prix de pension payé dans certaines écoles militaires par les élèves qui y sont entretenus aux frais de leurs familles. Les recettes provenant de ces pensions figurent ailleurs. On estime que ces recettes s'élèveront à 331,000 francs pour l'Ecole polytechnique, 570,000 fr. pour l'École de Saint-Cyr, 85,000 francs pour le Prytanée. Peut-être serait-il à désirer, du reste, que ce prix annuel fût réduit pour certaines écoles, et ne représentât strictement que la dépense résultant de l'entretien matériel de l'élève.

Le personnel de ces écoles est maintenant élevé à un effectif convenable et proportionné à l'importance de sa mission. Ainsi, à l'Ecole polytechnique il y a 51 professeurs civils, répétiteurs ou examinateurs ; à l'École spéciale militaire sont attachés 71 officiers de diverses armes, 159 sous-officiers ou soldats, 9 professeurs civils et 67 agents divers, etc.

Pourtant, relativement à ce qui se passe dans les armées étrangères, il y a, croyons-nous, beaucoup à faire encore dans l'armée française pour le développement de l'instruction. Les écoles régimentaires surtout doivent appeler l'attention, et recevoir plus tard une notable extension.

XIX et XX. Solde de non-activité. Réformes. Secours. — Ensemble, 4,487,000 francs. — XXI. Dépenses secrètes, 300,000 fr. — XII et XIII. Dépenses d'exercices clos et périmés. — Les dépenses de ces chapitres échappent à l'analyse. Elles résultent de situations personnelles ou générales que l'on se borne à constater et à prévoir approximativement chaque année.

Tel est, vu d'ensemble, ce budget ordinaire du ministère de la guerre, dont l'établissement et la discussion exercent une si grande influence sur le développement de notre état militaire. Quelque élevé qu'il paraisse, il nous faut constater encore qu'en somme il n'atteint pas la cinquième partie du budget total des dépenses de la France, et que presque toutes les nations de l'Europe dépensent, à l'heure actuelle, pour leurs armées, une bien plus forte proportion de leurs revenus totaux. Qu'il nous soit donc permis d'espérer, comme nous le disions plus haut, que pour les années suivantes les réductions que nous avons signalées ne seront plus nécessaires, et que nos corps de troupe pourront atteindre, en temps de paix, au minimum des effectifs déterminés par la loi sur les cadres.

III

Les charges financières résultant de la guerre.

Les dépenses ordinaires annuelles des armées n'ont qu'une bien faible importance, en regard des dépenses extraordinaires résultant d'opérations de guerre. Quelques semaines d'état de guerre coûtent plus, à une nation, que des années entières de l'entretien des armées en temps de paix.

Dans le chapitre précédent, nous nous sommes borné à l'examen des dépenses militaires ordinaires pour la période contemporaine seulement, et nous avons indiqué que nous croyions devoir limiter notre étude détaillée à cette seule période, à cause de l'inégale valeur relative de l'argent ou des biens à diverses époques, et à cause du peu d'exactitude des estimations absolues sous ce rapport. Pour des raisons analogues, en ce qui concerne les budgets extraordinaires, nous ne remonterons donc pas loin dans l'histoire.

Ainsi, non-seulement nous n'étudierons pas en détail les dépenses colossales relatives aux guerres des siècles passés, lesquelles se traduisaient littéralement par la ruine complète des nations, comme en France, vers la fin des règnes de Louis XIV et de Louis XV, comme en Allemagne, après la guerre de Trente ans ; mais encore nous ne nous arrêterons pas non plus sur l'examen des dépenses de guerre du commencement du présent siècle, dépenses énormes cependant, puisqu'elles s'élevèrent à plus de douze milliards en dix ans pour l'Angleterre seule, et puisqu'elles représentèrent, pour la plupart des nations engagées dans la lutte, quinze à vingt fois le chiffre des recettes annuelles.

Nous ne relèverons même pas avec précision l'analyse des dépenses des guerres toutes récentes, telles que la guerre de Crimée, qui coûta 1250 millions à la France; la guerre d'Italie, qui en coûta 350; l'expédition du Mexique, qui revint à 400 millions. Nous estimons en effet qu'il suffit, pour fixer les idées sur ce sujet, d'examiner avec soin la situation absolument contemporaine, celle qui résulte de la dernière guerre franco-allemande. Ce sont les chiffres de dépenses de celle-ci qu'il importe seulement d'étudier en détail, d'abord parce que ces chiffres suffisent pour servir de base dans les calculs de probabilités que l'on peut, sans crainte d'erreur, appliquer aux guerres à venir, ensuite parce qu'ils indiquent avec précision quelle est, à l'heure actuelle, l'influence d'une grande guerre sur les finances d'une nation.

Pour chercher à nous rendre compte du surcroît de charges imposé à la France par le fait de la guerre de 1870, nous commencerons par mettre en dehors de notre étude tout ce que nous appellerons les pertes ou charges *indirectes*, c'est-à-dire tout ce qui, bien que résultant de l'état de guerre, ne peut se chiffrer avec exactitude, à cause du vague ou de la difficulté des estimations ou définitions. Dans cette catégorie se classent :

Les pertes commerciales, résultat d'atteintes au crédit; la dépréciation des valeurs mobilières ou des rentes;

Le surcroît de dépenses résultant, pour l'agriculture ou l'industrie, de l'interruption momentanée des communications ou de l'allongement des parcours;

La diminution du travail ou des productions, provenant du surenchérissement général de la main-d'œuvre;

Les souffrances des entreprises industrielles ou des professions libérales, ayant pour cause l'absence des directeurs, producteurs ou des chefs de maison, etc.

Toutes ces pertes sont réelles, sont même considérables; mais, bien qu'il faille en tenir compte pour l'appréciation générale de la question, on ne saurait que bien difficilement les représenter en chiffres. D'ailleurs, elles proviennent du fait de la guerre elle-même, et ne dépendent qu'assez indirectement de la manière dont celle-ci est conduite. Il est évident, toutefois, que si la guerre est heureuse, elles seront incontestablement moins pénibles et moins onéreuses que dans le cas d'une défaite.

Nous nous attacherons donc seulement à relever le chiffre des dépenses ou des charges palpables et tangibles, c'est-à-dire de celles qui peuvent se représenter avec exactitude par une certaine somme en francs, et encore, parmi ces dernières charges, n'examinerons-nous que celles qui incombent à l'Etat, laissant volontairement de côté toutes celles que les particuliers peuvent avoir subies par le fait des armées belligérantes, mais qui n'ont pas, plus tard, donné lieu à indemnités de la part du trésor public.

Or, pour suivre la classification adoptée par les documents officiels, et pour présenter avec plus de clarté un ensemble de chiffres assez confus au premier abord, nous allons ranger en trois catégories toutes les dépenses ou charges publiques résultant de la dernière guerre, et nous examinerons successivement chacune de ces catégories qui comprennent : la première, les charges permanentes ; la deuxième, les charges remboursables ; la troisième, les dépenses futures pour la reconstitution de notre état militaire détruit. Cette dernière catégorie, vu son intérêt au point de vue militaire, fera l'objet d'un chapitre à part.

Les charges permanentes ou perpétuelles sont celles qui résultent de l'émission de nos trois grands emprunts nationaux. Les capitaux produits par ces emprunts ont été immédiatement employés, soit pour les dépenses propres des armées, soit pour le paiement au vainqueur des milliards exigés par lui. Les sommes considérables ainsi absorbées ont été fournies par des souscripteurs volontaires, français ou étrangers, et, à ces souscripteurs, la France paiera constamment, sous forme de rentes perpétuelles, l'intérêt des capitaux versés, qui se sont élevés ensemble à plus de 6 milliards 500 millions.

On se souvient que ces trois emprunts ont été souscrits publiquement, et que les demandes ont été plusieurs fois couvertes.

Le premier, émis par le ministère Magne, le 12 août 1870, sous le nom d'emprunt de 750 millions, a donné un produit brut de 804,572,181 francs ; il est nominalement au titre de 3 p. 100, et exige une rente annuelle de 39,830,306 francs pour le service des intérêts.

Le deuxième est l'emprunt de 2 milliards, arrêté par la loi du 20 juin 1871. Il a été émis sous forme de 5 p. 100, représente un versement de 2,225,994,045 fr. en capital, et coûte, par an, un intérêt de 138,975,295 fr.

Le troisième est l'emprunt de 3 milliards, du 15 juillet 1872. Emis comme le précédent sous la forme de 5 p. 100, il représente un capital versé de 3,498,744,639 fr., et un intérêt annuel de 207,026,310 fr.

On remarque que les capitaux versés et portant intérêt sont sensiblement supérieurs aux sommes nominales fixées par la loi pour le titre officiel ou la désignation des emprunts. Cela tient à ce qu'il a fallu tenir compte des frais d'émission de ces emprunts, publicité, escomptes, courtages des banquiers et trésoriers, etc., et que, pour arriver à encaisser net la somme nécessaire, il est nécessaire de surélever sensiblement le chiffre de la souscription.

Ainsi, ces trois emprunts, — dont les deux derniers ont été pour les trois quarts versés entre les mains des Allemands, — constituent ce que nous avons appelé les dépenses permanentes, résultant de la dernière guerre, c'est-à-dire que les charges de cette catégorie proviennent d'un capital absolument dépensé et absorbé à l'heure actuelle, et qu'elles donneront lieu à des paiements de rentes à perpétuité, pour une somme de 385 millions par an, sauf dans le cas très-improbable où il pourrait être procédé ultérieurement à un remboursement, grâce à des économies importantes ou à des conquêtes fructueuses.

Les charges remboursables sont représentées par les sommes que l'Etat peut et doit payer dans un délai relativement assez court, pour acquitter les dettes diverses qu'il a contractées pendant la guerre, dettes résultant de l'état de guerre en lui-même, mais surtout de nos immenses malheurs militaires et de leurs conséquences. Voici comment nous allons énumérer et classer la série de ces charges remboursables :

1° *Annuité de remboursement de l'emprunt Morgan.*—On se souvient qu'à l'époque la plus critique de l'invasion allemande, le gouvernement de Tours contracta avec une importante maison de banque, Morgan et cⁱᵒ, d'Angleterre, un emprunt assez important, qui fournit immédiatement, en espèces métalliques, les ressources indispensables pour la continuation de la guerre, soit 250 millions. De son côté, la maison Morgan émit dans le public, sous forme de petites coupures de rentes, dites obligations, les titres représentatifs de sa créance. Chaque obligation, émise à 425 francs, était remboursable à 500 francs, et rapportait 30 francs d'intérêts. Le remboursement des obligations devait se faire successivement, par tirages au sort semestriels; mais le gouvernement français gardait le droit de se libérer plus tôt, en remboursant intégralement le capital nominal. Il n'a pas manqué d'effectuer ce remboursement aussitôt que le crédit des fonds publics s'est relevé, car les titres Morgan portaient un intérêt de 6 p. 100, et, dès le commencement de 1875, le cours de la rente française ne correspondait plus qu'à un intérêt annuel inférieur à 5 p. 100. Par la loi du 18 mars 1875, il fut donc arrêté que les porteurs d'obligations Morgan seraient tous remboursés, à la date du 1er octobre 1875, sur le pied de 500 francs par obligation. Le capital nécessaire à ce remboursement fut fourni par les réserves des caisses d'épargne, sous forme d'une certaine quantité de rente française 3 p. 100. Celle-ci représente un capital de 341,198,631 francs. Il fut décidé que ce capital serait remboursé en entier, dans une période de 39 ans. L'annuité qui en résulte pour les intérêts et l'amortissement est de 17,300,000 francs.

2° *Annuité à la compagnie des chemins de fer de l'Est.* — L'empire d'Allemagne, en s'emparant du territoire d'Alsace-Lorraine, a bien voulu tenir compte du réseau de voies ferrées sillonnant ce territoire, et considérer ce réseau comme appartenant à des actionnaires particuliers. On a évalué à 325 millions la somme représentant la valeur de ces chemins de fer, et il a été convenu que le gouvernement français se chargerait de régler ce compte, la somme de 325 millions devant être défalquée de celle de 5 milliards qui allait être payée au vainqueur, d'après le traité de paix. C'est donc la France qui, moyennant compensation, devait se substituer au nouveau possesseur de l'Alsace-Lorraine et désintéresser les actionnaires de la compagnie de l'Est. A cet effet, par une convention ratifiée par la loi du 17 juin 1873, il a été entendu que la compagnie de l'Est recevrait, pendant une période de 81 ans, une somme annuelle de 20,500,000 francs, moyennant laquelle elle se trouvait dédommagée de la valeur des voies ferrées, constructions, matériel, etc., afférents au nouveau territoire annexé à l'empire d'Allemagne, qui en devenait définitivement propriétaire.

3° *Annuités aux départements, aux villes et aux communes,* pour remboursement d'une partie des contributions extraordinaires résultant de la guerre. — On sait que, soit par le fait des réquisitions de l'ennemi, soit par suite de sacrifices volontaires, destinés à l'entretien des troupes, à l'achat d'artillerie ou de matériel, à la mobilisation de la garde nationale, etc., une somme assez importante avait été avancée par les départements ou les municipalités. La loi du 7 avril 1873 a arrêté définitivement ce compte à la somme ronde de 260 millions, laquelle sera entièrement remboursée en 26 ans, au moyen d'un intérêt annuel de 17,421,250 francs, tout compris.

4° *Réparation des dommages causés par le génie militaire, et dépenses résultant de la réparation des ponts et chemins vicinaux.* — Ensemble : 11,413,620 francs. Cette somme est minime, relativement aux dégâts résultant de la guerre ; mais on a tenu (loi du 28 juillet 1874) à être aussi strict que possible dans l'établissement du chiffre de ces indemnités. Jadis, ces dommages n'eussent donné lieu à aucun remboursement aux intéressés ; ils eussent été considérés

comme provenant de force majeure et résultant du fait même de la
guerre. De nos jours, d'après le droit public ainsi consacré, on a
admis que certaines charges ne devaient pas peser uniquement sur
les pays envahis, et devaient être réparties équitablement sur toute
la nation.

5° *Indemnité aux victimes de la guerre*, portée en capital à 106 millions. — C'est par l'extension du principe énoncé au paragraphe précédent que cette indemnité est admise. Mais elle est loin de représenter certaines pertes réellement subies. D'ailleurs, il a été nécessaire de procéder à des calculs assez hypothétiques pour l'estimation
de ces pertes, et, en somme, on a dû procéder, pour le règlement des
créances, à ce que l'on appelle l'établissement d'une cote mal taillée.
Du reste, il est juste de dire que les pays envahis, quoique souvent
rançonnés, ont profité dans une large mesure des dépenses des armées belligérantes. Il est évident, par exemple, que certains départements de l'Ouest, sur le territoire desquels des armées immenses
ont exécuté leurs mouvements militaires pendant trois mois, à une
époque où la guerre avait perdu son caractère d'âpreté vis-à-vis des
habitants, se sont trouvés dans une situation de prospérité inouïe,
comme numéraire, après le départ des Allemands.

6° *Emprunt contracté à la Banque de France.* — Nous avons expli-
qué, dans la première partie de ce travail, comment, pour se procurer l'argent disponible, on avait, au début de la guerre, largement
puisé dans les coffres de la Banque de France, en accordant, par
compensation, à ce vaste établissement de crédit, le cours forcé de
ses billets. Grâce à l'ingénieux mécanisme du système, grâce à la
confiance qu'inspira toujours le billet de banque, et qui en empêcha
la dépréciation, le Trésor de l'Etat put ainsi, en diverses fois, toucher plus d'un milliard et demi, et remplacer cette somme considérable, dans les caisses et les écritures de la compagnie, par des bons
du Trésor remboursables après la paix. Une convention spéciale,
conclue ultérieurement entre la Banque et l'Etat, règle le chiffre des
intérêts de ces bons et leur mode de remboursement. Celui-ci devait
d'abord s'élever à 200 millions par an, et l'intérêt des sommes non
encore remboursées, primitivement fixé à 5 p. 100, s'abaissait graduellement chaque année, jusqu'à se réduire à 1 p. 100. Mais la convention d'origine a été modifiée d'un commun accord, à cause des
nécessités budgétaires de la République, et il est probable qu'elle
sera encore remaniée plus tard. A la date actuelle, par suite des
remboursements déjà effectués, l'Etat ne reste plus devoir qu'environ
650 millions sur les 1,530 millions avancés.

En récapitulant les six catégories de charges remboursables que
nous venons d'énumérer, nous trouvons en capital le total suivant :

Emprunt Morgan.	341,198,631 francs.
Chemin de fer de l'Est	325,000,000 —
Contributions départementales et communales	260,000,000 —
Dommages du génie et aux routes.	11,413,620 —
Indemnités aux victimes.	106,000,000 —
Emprunt à la Banque	1,530,000,000 —
Total.	2,573,612,251 francs.

Ainsi la France doit payer, par annuités, dans des délais plus ou moins rapprochés, une somme supérieure à deux milliards et demi, pour les dettes temporaires qu'elle a contractées pendant la guerre. En ajoutant la somme ci-dessus au capital de 6,529,310,865 francs, que nous avons relevé plus haut pour le total de la dette non remboursable, c'est-à-dire de la dette qui ne donne lieu qu'à des intérêts à perpétuité et non pas à un remboursement exigible à date déterminée, *on arrive au chiffre énorme de 9,102,923,116 francs, pour l'estimation minimum de ce qu'a coûté* DIRECTEMENT *à la France la guerre franco-allemande.* On sait que, sur ce chiffre, il y a déjà 5 milliards qui ont été payés au vainqueur à titre d'indemnité, sans compter divers suppléments spéciaux pour intérêts, entretien des armées d'occupation, etc. Environ 4 milliards seraient donc afférents à l'entretien de nos propres armées, et aux dégâts ou dommages causés par l'invasion ennemie.

Nous disons que le chiffre ci-dessus, qui représente des comptes votés, arrêtés et presque payés, est une estimation *minimum* des charges que la guerre a laissées à la France, parce qu'il existe encore une autre nature de charges qui incombe au pays[1], outre les pertes indirectes dont, comme nous l'avons déjà dit, nous ne saurions entreprendre le relevé et l'évaluation. Ce sont celles qui résultent de la nécessité de reconstituer le matériel de guerre de la France, en partie consommé, détruit ou disparu pendant les opérations militaires. Comme nous le verrons dans le chapitre suivant, il faut

---

[1] Il y aurait même à tenir compte aussi, en bonne justice, du supplément de dépenses résultant de l'accroissement considérable du chiffre des pensions, secours ou gratifications provenant de la guerre. Ainsi, les seules pensions de retraite, militaires ou civiles, qui ne coûtaient que 71 millions en 1869, s'élèveront à 109 millions en 1870, soit 38 millions d'augmentation ; les invalides de la marine exigeront, pour ce même motif, 10 millions de supplément. Ainsi, voilà 48 millions d'augmentation en tout, dont la majeure partie résulte manifestement de la guerre. Comme ces pensions ne sont que viagères, elles disparaîtront sans doute par extinction assez rapidement. Mais même à un taux de capitalisation assez élevé, on ne saurait évaluer à moins de 400 millions la somme qu'elles représentent en capital.

estimer à 1 milliard au moins la dépense nécessaire pour cette reconstitution. En ajoutant encore ce milliard aux 9 autres dont nous venons de constater la dépense, on voit donc que le total général des charges directes qui incombent à l'État par suite de la dernière guerre dépasse largement 10 milliards en capital. On ne saurait trop insister sur ce chiffre, pour en faire ressortir l'énormité et pour le mettre en regard des misérables réductions que certains législateurs, plus intéressés que clairvoyants, se félicitent d'obtenir sur le budget annuel de l'armée, au détriment de la solidité, de l'instruction ou de l'approvisionnement de celle-ci.

IV

La reconstitution du matériel de guerre.

Après une guerre désastreuse, il est généralement assez difficile de se rendre un compte exact des pertes subies par l'armée en hommes, en argent et en matériel. Pour les hommes, on y parvient à peu près, grâce à une tenue régulière des actes d'état civil ou autres. Pour les pertes subies en argent, le travail est déjà beaucoup plus pénible, à cause de la difficulté de l'estimation des prises ou réquisitions de l'ennemi. Pour les pertes en matériel, on ne cherche même pas en général à élucider la question ; car, d'une part, la nécessité absolue des constatations exactes ne se fait pas sentir, et, d'autre part, le colossal travail que de telles constatations entraînent est bien fait pour rebuter. Il a donc fallu des circonstances exceptionnelles, à la suite de la guerre franco-allemande, pour que le travail de recensement du matériel et de l'évaluation des pertes de guerre fût entrepris et mené à bonne fin.

Ces circonstances exceptionnelles étaient de l'ordre politique, et il est inutile d'insister sur leur caractère ; nous rappellerons seulement qu'à la suite d'attaques passionnées, apportées à la tribune contre le gouvernement impérial déchu, on avait imputé aux services de l'artillerie et de l'intendance des malversations odieuses, dont le produit aurait été destiné à couvrir de prétendues dilapidations de cour, ou des gaspillages dissimulés dans des expéditions impopulaires. Il importait donc que la vérité se fît jour, et une enquête fut ordonnée par l'Assemblée nationale, à l'effet de reconnaître quel était réellement le matériel existant dans nos arsenaux et établissements militaires à l'époque de la déclaration de guerre, et quel avait été le sort de ce matériel. C'est cette enquête, dont le résultat tourna à la confusion des accusateurs, qui va servir de principale base au travail que nous entreprenons.

Pour indiquer quelle fut l'importance de ces opérations de recensement, il suffit de dire que le matériel recensé, réparti sur tout le territoire entre 649 établissements et plus de 350 corps de troupe, avait une valeur estimative de près de 740 millions, et qu'il fallut, pour procéder aux comptes et évaluations, organiser 8 commissions, subdivisées en 847 sous-commissions, qui comprenaient ensemble 16 députés, 16 hauts fonctionnaires de l'intendance, 8 magistrats de la Cour des comptes, et 2,602 officiers de toutes armes et de tout grade. La durée des opérations, dans les arsenaux et magasins, ne dépassa pas trois mois.

Les pertes qui sont de beaucoup les plus sensibles sont celles qui résultent de la prise ou de la destruction par l'ennemi des canons, fusils ou armes de guerre. Ce sont celles-là surtout qu'il importait de relever d'une manière exacte, quels que fussent les sentiments de patriotique douleur que leur supputation dût inspirer. Bien que la valeur matérielle de ces armes soit considérable, la perte en argent n'est que peu de chose, en effet, en regard de l'effet moral qu'ont causé ces pertes, des obstacles qu'elles ont opposés à la prolongation de la défense, et de la nouvelle ardeur que ces trophées sans cesse renouvelés ont inspirée à l'ennemi. Il importait donc que cet exemple ne fût pas perdu pour les jeunes générations de notre patrie et que les législateurs futurs pussent mesurer, à la grandeur des pertes subies, l'importance du désastre causé par une aveugle confiance et par une incroyable insouciance du développement de la puissance militaire de la nation. Les chiffres que nous allons relever indiquent, plus éloquemment que n'importe quel récit, à quel degré de ruine et de décomposition peuvent tomber les armées qui n'ont pas été entretenues par le gouvernement de leur pays dans l'état de prospérité et de perfectionnement qui leur est nécessaire pour affronter un ennemi redoutable sur les champs de bataille.

Pendant la guerre de 1870-1871, il a été perdu, pris ou détruit, le chiffre énorme de 7,234 bouches à feu, de 1,165,327 fusils et de plus de 300,000 sabres. Ces chiffres ont été établis d'une manière aussi exacte que possible et résultent, pour la grande majorité, de documents réglementaires officiels. Ces documents existent dans les archives du ministère de la guerre et de la commission législative des marchés à l'Assemblée nationale. Comme, vu leur immense développement, nous ne saurions les relever dans leurs détails, nous allons nous borner à en résumer les chapitres les plus intéressants, sans même avoir le courage de nous arrêter longtemps sur leurs principaux groupements.

Canons. — Au 1ᵉʳ corps de l'armée du Rhin, il a été perdu ou pris (Wissembourg, Reischoffen) 28 canons et 6 mitrailleuses. Aux armées de Metz et de Sedan, la capitulation a fait tomber entre les mains de l'ennemi 780 canons rayés de campagne, 18 de montagne et 138 canons à balles. Aux armées de la Loire et du Nord, 190 bouches à feu rayées ont été enlevées par les Allemands. Enfin, dans l'armée mobile sous Paris, 512 canons de campagne, 24 de montagne et 66 mitrailleuses sont tombés au pouvoir du vainqueur.

La chute de la plupart de nos places fortes a livré aux armées allemandes un chiffre de bouches à feu bien plus considérable encore. Voici le relevé d'ensemble des pièces qui garnissaient les remparts ou qui étaient en dépôt dans les magasins ou arsenaux conquis : 454 pièces de campagne rayées, 1663 pièces de campagne non rayées de divers calibres et de divers modèles, 1644 pièces de siége ou de place rayées (dont 150 gros canons de marine, à Paris), 729 bouches à feu de place non rayées et 102 mortiers.

Fusils Chassepot. — Les chiffres relatifs aux fusils n'ont pas une précision comparable à ceux du paragraphe précédent, mais ils sont cependant très-approximativement exacts. Il a été pris ou brisé par l'ennemi, savoir : à Reischoffen, Strasbourg et dans les autres places de l'Alsace, 40,000 fusils modèle 1866; à Metz, 200,000 fusils; à Sedan et dans les autres places de la direction de Mézières, 140,000 fusils; à l'armée mobile sous Paris, 155,000; enfin, aux armées de la Loire, 100,000 fusils.

Au moment de l'armistice qui précéda la paix, il restait encore cependant, dans les mains des soldats français ou dans les arsenaux, plus de 1 million de fusils se chargeant par la culasse et plus de 1,400,000 armes rayées à percussion. Mais on sait que ces dernières, se chargeant par la bouche, n'inspiraient que peu de confiance aux soldats qui en étaient armés; quant aux premières, sur un total de 1 million environ, il y avait 474,000 fusils de provenance étrangère et de modèles différents, et il y a eu à regretter malheureusement plus d'un mécompte dans l'emploi de ces armes [1], soit que la fabrication fût défectueuse, soit que les munitions fissent défaut ou fussent de mauvaise qualité.

Après avoir ainsi exposé les chiffres relatifs aux pertes en armes subies pendant la guerre, il serait inutile et dépourvu d'intérêt de

---

[1] Voici les chiffres relatifs aux principaux modèles : Remington (sept types différents), 162,000 armes; Sniders (neuf types), 129,000 fusils; Peabody (quatre modèles), 38,293; Springfield, 34,460 fusils; Spencer (fusils à répétition), 30,233 carabines, etc.

poursuivre cette lamentable énumération pour ce qui concerne le reste du matériel, et de s'astreindre à relever les immenses pertes de toutes espèces que nos armées ont éprouvées en argent, voitures, vivres, habillement, depuis l'enlèvement de nos premiers convois à Niederbronn et à Wœrth, jusqu'à la prise des centaines de wagons entassés dans la gare du Mans. Sans discuter les arides tableaux qu'elle a établis sur ce point, la commission de l'Assemblée nationale a préféré adopter un autre sujet d'études, et nous allons la suivre sur ce terrain : elle a examiné avec le plus grand soin quelle était la situation qui résultait de ces pertes pour l'armée française, autrement dit quelle est la dépense totale nécessaire pour la reconstitution complète de notre matériel de guerre. Il est vrai que les calculs qui ont été faits à ce sujet n'ont pas été appliqués aux effectifs existant en 1870, mais ont été établis en prenant pour base la nouvelle constitution en 18 corps d'armée avec les effectifs résultant de la loi de 1872 sur le recrutement.

L'étude que nous allons résumer n'en aura donc que plus d'intérêt et plus d'actualité.

Au moment de la déclaration de guerre, l'effectif nominal de l'armée française était de 400,000 hommes et pouvait, sur le pied de guerre, s'élever à 650,000 hommes. D'après les inventaires et états estimatifs, la valeur totale du matériel en service ou emmagasiné pour cette armée montait, au 1er janvier 1870, à 741 millions de francs. Aujourd'hui, avec les ressources que nous donne la nouvelle loi de recrutement, il faut compter sur un effectif de 1,200,000 hommes pour l'armée active et ses réserves ; c'est sur ce minimum de soldats sous les armes que nous devons baser nos calculs ; car, si cet effectif considérable n'est pas en entier mis en mouvement au début, il faut néanmoins, par compensation, tenir compte de l'armée territoriale, qui, dès les premiers jours, exigerait, pour son appel sous les drapeaux, la consommation et la mise en service d'un certain chiffre de matériel et de denrées, en attendant la production et la fabrication d'urgence de tout ce qui serait ensuite nécessaire à son entretien régulier. Pour les 1,200,000 hommes mobilisés, nous allons donc successivement faire le compte de la valeur de ce qui, en sus de ce qui existe déjà, paraît absolument indispensable à la mise en mouvement vers les terrains d'opérations.

1° *Vivres.* — Le minimum qu'on puisse exiger, c'est la préparation et la conservation d'un approvisionnement de 30 jours en vivres de toute nature, c'est-à-dire, en tout, de 36 millions de rations (correspondant à un effectif de 1,200,000 hommes). Or, en se basant, pour le calcul, sur le taux des rations ordinaires, ce total de rations représente 198,000 quintaux de biscuits, 81,000 quintaux de viande,

21,000 quintaux de riz ou légumes secs, 7,560 quintaux de sucre, 5,760 quintaux de café et autant de sel, 90,000 hectolitres de vin et 22,500 hectolitres d'eau-de-vie[1].

En prenant les prix moyens d'achat de ces denrées, et en comptant le biscuit à 40 francs le quintal, la viande à 175 francs, le riz à 45 francs, le sucre à 140 francs, le café à 275 francs, le sel à 18 francs, le vin ordinaire à 50 francs l'hectolitre, et l'eau-de-vie à 100 francs, on trouve, en effectuant le calcul, qu'une somme de 32,563,000 francs est nécessaire pour la formation de cet approvisionnement de réserve. En outre, il faut qu'un approvisionnement de sûreté, en blé et farines, soit constitué au moins pour une consommation de 45 jours, ce qui, d'après la moyenne des mercuriales, correspond à 10,600,000 francs. L'ensemble du service des vivres exige donc, pour la constitution de la réserve, une dépense totale d'environ 43 millions.

2º *Habillement.* — On sait dans quel état de misérable délabrement étaient nos armées sous le rapport de l'habillement, lorsque se termina la guerre, et de quels effets étaient encombrés nos magasins des mobilisés. Il a donc fallu, après avoir utilisé comme on l'a pu ce ramassis de produits d'une fabrication hâtive ou frauduleuse, songer à remplir de nouveau les magasins des corps d'effets de toute nature destinés à l'habillement et à l'équipement des hommes. La dépense était considérable, et, à l'heure actuelle, on n'a pu y pourvoir qu'en partie. En moyenne, le prix de l'habillement d'un homme, avec la série complète d'effets, est de 107 francs pour toute l'armée. On arrive à cette moyenne en se basant sur le prix des uniformes de toute espèce, et en tenant compte de la proportion des effectifs par armes. Si l'on admet que, pour chaque homme mobilisé, il faille deux séries complètes d'effets, — afin de pourvoir aux rechanges, usures, etc., — on voit, par un simple calcul, que le prix total de l'habillement de 1,200,000 hommes dépasse 256 millions de francs. En outre, le petit équipement, estimé à 67 francs par série, et calculé à raison de trois séries par homme, entraîne une dépense de 241 millions. L'ensemble des dépenses totales nécessaires pour l'habillement et l'équipement de l'armée s'élève donc à 497 millions au moins. Depuis quatre ans, il est vrai, de vastes commandes de confections ont été faites et soldées, et on ne doit estimer qu'à un chiffre bien moins élevé maintenant les dépenses qui restent à faire pour l'armée active; mais

---

[1] La ration journalière est de 550 grammes de biscuit, 225 grammes de viande de conserve ou de salaisons, 60 grammes de riz, 21 grammes de sucre, 16 grammes de café et autant de sel, 25 centilitres de vin et 0l,0625 d'eau-de-vie.

alors interviendra la question de la formation des magasins de l'armée territoriale. Aussi, sans être taxé d'exagération, on peut, croyons-nous, estimer à 300 millions au moins la dépense totale nécessaire pour pourvoir l'armée active et l'armée territoriale de tous les effets d'habillement, de grand et de petit équipement qui leur sont encore nécessaires.

3° *Campement*. — Il est probable que des modifications sérieuses seront tôt ou tard introduites dans le système de campement actuellement en usage. La petite tente-abri, aussi incommode que malsaine, cessera sans doute d'être portée réglementairement sur le sac par la totalité des troupes d'infanterie, et ne sera plus employée que très-exceptionnellement pour certaines concentrations. Mais tant qu'une modification en ce sens n'est pas introduite dans la réglementation, notre devoir est d'établir nos calculs sur la base du mode de campement actuel. Or, le prix de la série individuelle de campement est évalué, d'après les marchés en vigueur, à 20 fr. 50, savoir : sac tente-abri avec accessoires, 7 fr. 90 ; couverture de marche, 8 fr. 15 ; petit bidon avec courroie, 1 fr. 70 ; grands ustensiles (part proportionnelle), 1 fr. 05 ; outils et moulin à café (part proportionnelle), 1 fr. 20 ; grandes tentes, piquets de cavalerie, cordes d'attache, etc. (proportionné aux effectifs), 50 c.; total, 20 fr. 50. A deux séries par homme, pour l'effectif mobilisé que nous avons admis ci-dessus, il faudrait donc une somme d'environ 50 millions pour mettre les approvisionnements d'effets de campement à la hauteur des besoins.

4° *Harnachement et fourrages de la cavalerie*. — D'après les bases résultant de la loi sur les cadres et des tableaux de mobilisation, le nombre des chevaux de cavalerie à harnacher est de 70,000. Or, voici le prix moyen d'une série complète de harnachement : une selle avec accessoires, 150 francs; une couverture de cheval, 18 francs; bissacs, 6 francs; entraves, 3 francs; filets à fourrages, 3 francs ; musette-mangeoire, 2 francs. Ensemble, 182 francs. Pour le harnachement neuf de toute la cavalerie, il a donc fallu dépenser une somme de 12 millions environ; mais, à l'heure présente, cette dépense est soldée presque entièrement, et, pour les rechanges ou le harnachement de quelques escadrons de l'armée territoriale, il ne resterait à dépenser ultérieurement qu'une somme relativement insignifiante. Quant à l'approvisionnement de réserve en fourrages, on peut en estimer la valeur; mais on ne saurait la constituer en temps de paix, car la durée de conservation de ces fourrages est assez limitée et les effectifs du pied de paix ne sauraient, en temps utile, suffire à la consommation. Il est donc à noter seulement qu'au moment d'une déclaration de guerre imminente, il faudrait immédiatement constituer un approvisionnement de réserve de 60 jours de fourrages pour 300,000 chevaux ou mulets [1], c'est-à-dire effectuer une dépense qui, avec les mercuriales actuelles, ne saurait être évaluée à moins de 30 millions de francs.

5° *Équipages militaires.* — Le service du matériel roulant des équipages militaires est un de ceux qui ont reçu de la guerre les plus rudes atteintes. A la cessation des hostilités, il restait à peine quelques voitures réglementaires en bon état, et on se souvient encore des misérables équipages de réquisition auxquels on avait dû avoir recours pendant les opérations. On s'est efforcé de remédier, dès qu'on l'a pu, à ce déplorable état de choses, et on y a réussi d'autant mieux que la dépense totale nécessaire à cet effet est en somme bien moins considérable qu'on ne pourrait le croire au premier abord. Ainsi, une petite voiture régimentaire à 2 roues coûte 340 francs, et une voiture à 4 roues, dite d'état-major, 635 francs. Une voiture d'ambulance à 2 roues (système Masson) ne revient qu'à 300 francs. Les véhicules les plus coûteux sont la forge complète (1,000 francs), le caisson de transport (1,400 francs) et la grande voiture d'ambulance à 4 roues (2,140 francs). Un bât de mulet est évalué à 66 fr. 90 et une paire de cacolets à 41 fr. 80. En résumé, la dépense totale, faite ou à faire, pour pourvoir toute notre armée mobilisée de ses moyens de transport réglementaires et prévus, ne dépasse pas 15 millions; mais à ce chiffre, il faut ajouter le prix du harnachement des animaux de trait, lequel atteint 3 millions.

6° *Hôpitaux et ambulances.* — Le matériel actuellement en service dans les hôpitaux *permanents* de France et d'Algérie représente une valeur de 22 millions environ. Il n'y a pas lieu de se préoccuper d'avance d'augmenter beaucoup ce matériel, car il est probable qu'en cas de guerre les ressources ne feraient pas défaut. En effet, d'une part l'initiative des habitants ou des sociétés de secours viendrait en aide aux efforts du service hospitalier pour la garde des malades et leur entretien dans les maisons ou établissements particuliers, si cela était nécessaire; d'autre part, les denrées, médicaments, linge, literie, se trouvent dans toutes les villes en grande quantité et n'exigeraient que très-peu de jours pour être réunis prêts à être utilisés. Pour le matériel *mobile,* c'est-à-dire pour les ambulances actives ou les hôpitaux temporaires, la question est

---

[1] Voici comment on admet généralement la décomposition de cet effectif, en chevaux ou mulets : chevaux d'officiers de toutes armes, 17,300; cuirassiers, 10,800; dragons, 23,400; cavalerie légère française, 21,600; cavalerie légère montée en chevaux arabes, 11,880; artillerie (selle), 19,200; artillerie (trait) et train d'artillerie, 95,300; génie, 5,000; train des équipages, 39,000; services divers, 5,200; gendarmerie, écoles, spahis, etc., environ 50,000. Ensemble, 298,680.

tout autre, et bien qu'on puisse encore à cet égard compter jusqu'à un certain point sur les secours apportés par les sociétés privées, il faut cependant tout préparer pour une mise en action rapide si cela était nécessaire. La commission de l'Assemblée nationale qui a procédé à l'enquête sur le matériel de guerre a tenu à s'éclairer complétement sur ce sujet; d'après divers documents qu'elle a recueillis, elle estime à 17 millions la somme nécessaire pour la réunion ou la fabrication du matériel de ces ambulances. Nous n'essayerons pas de contrôler l'exactitude de ce chiffre; bornons-nous à indiquer que, d'après l'évaluation de la commission, le matériel d'une ambulance du quartier général d'un corps d'armée représente, tout compris, une somme de 42,213 fr. 40, et celui d'une ambulance divisionnaire 34,524 fr. 70.

Dans les paragraphes qui précèdent, nous venons de rechercher quel était, pour certains services, le chiffre de la dépense nécessaire pour reconstituer ou compléter notre matériel de guerre à la suite de la désastreuse guerre de 1870-1871. En commençant notre travail par les services administratifs, nous venons de trouver pour ces seuls services, — c'est-à-dire pour les vivres, l'habillement, le campement, le harnachement, les équipages militaires et les hôpitaux, — qu'une somme de 637 millions avait été ou serait prochainement nécessaire pour la fabrication du matériel et l'achat des denrées ou autres matières premières. En outre, si l'on se trouvait en présence d'indices sérieux d'armements ou de craintes de guerre, environ 30 millions devraient être dépensés immédiatement pour la constitution d'un approvisionnement de réserve de fourrages.

Mais le matériel des services administratifs, quoique très-important, est loin d'être le seul qu'il faille considérer sous le rapport des dépenses résultant d'une reconstitution. Trois autres services importants, celui de la remonte, celui de l'artillerie et celui du génie, exigent aussi une forte part dans le chiffre du budget destiné à cet usage. Nous ne saurions pour ces services entrer dans des détails comparables à ceux que nous avons abordés pour l'administration; outre que les documents précis qui leur sont relatifs ne sont pas divulgués et pourraient même manquer d'exactitude, nous pensons en effet qu'il y aurait plus d'un inconvénient à exposer en détail tout ce qui concerne l'armement proprement dit de notre armée, et la situation réelle de nos arsenaux et de nos places fortes. Nous allons donc nous borner à quelques généralités et au relevé des chiffres d'ensemble.

Pour la remonte, l'effectif des animaux entretenus sur le pied de paix étant inférieur d'environ 190,000 têtes à celui qui serait nécessaire en guerre, il faudrait de ce chef dépenser environ 147 millions de francs pour pourvoir à ce service, d'après la moyenne des prix d'achat admis. Mais, ainsi que nous l'avons dit pour les fourrages, cette dépense ne devrait être faite qu'en cas de guerre imminente, et nullement en temps de paix, où l'on se borne à reconnaître et à recenser les animaux susceptibles d'être réquisitionnés.

Pour l'artillerie, au contraire, la dépense ne saurait être différée longtemps car, ce n'est pas au moment du danger qu'il faudrait en être réduit à fabriquer les armes ou munitions nécessaires. Mais l'évaluation des dépenses dites obligatoires varie beaucoup suivant l'ampleur ou la portée de vues de ceux qui évaluent. La commission de l'Assemblée nationale, dont nous avons déjà cité les travaux, estime la dépense de reconstruction ou d'amélioration de notre matériel d'artillerie à 367 millions, savoir : 26 millions pour les batteries de campagne, 35 millions pour l'armement des places, 25 millions pour le matériel de siége, 103 millions pour les munitions, 137 millions pour les armes portatives et 41 millions pour le harnachement. Mais nous croyons que ces chiffres sont légèrement exagérés, et qu'en présence de la transformation et des perfectionnements incessants des armes à feu, il serait imprudent de se lancer trop précipitamment dans de vastes fabrications d'armes de nouveaux modèles, qui seraient, peut-être au bout de quelque temps, considérées à leur tour comme arriérées ou insuffisantes. Il est donc plus sage, croyons-nous, sans réduire beaucoup ce chiffre de dépenses, de le maintenir rigoureusement au chiffre correspondant au strict nécessaire; d'ailleurs, les perfectionnements doivent être lents pour être durables, et rien ne démontre que le canon Reffye ou le fusil Gras ne seront pas eux-mêmes, sous très-peu d'années, dépassés de beaucoup comme portée ou comme justesse par d'autres armes plus perfectionnées.

D'autre part, cependant, nous avons intérêt à tenir constamment notre armement au courant des derniers perfectionnements découverts; aucune autre puissance étrangère, dans l'état actuel de ses finances, ne pourra nous suivre sur ce terrain, à cause des dépenses excessives qu'entraînent sans cesse la transformation et la fabrication des nouvelles armes.

Les mêmes observations s'appliquent aussi, mais à un degré moindre, au service du génie. Les nouvelles places fortes qui ont été construites n'auront sans doute pas constamment la même valeur ou la même importance, quels que soient les progrès futurs de l'artillerie ou le développement latéral des voies de communication. Il est donc prudent de ne pas dépasser immédiatement une juste mesure dans la fixation des sommes considérables qui sont nécessaires pour améliorer nos forteresses et en construire de nouvelles. Déjà un assez fort chiffre de millions a été dépensé depuis la dernière guerre, et on peut considérer notre territoire comme à l'abri d'incursions rapides et inopinées; peut-être serait-il sage de s'arrêter dans cette voie et d'attendre des études ultérieures avant de continuer à édifier toujours de nouveaux remparts, sous le prétexte de rendre invulnérable le moindre défilé de nos frontières.

V

L'équilibre proportionnel des budgets des divers ministères.

Dans les chapitres qui précèdent, nous nous sommes efforcé de relever le chiffre des dépenses qui résultent de l'entretien des armées en temps de paix, et nous avons ensuite indiqué à quelles sommes s'élevaient extraordinairement ces dépenses dans le cas d'une grande guerre continentale, comme celle que la France a subie en 1870–1871; incidemment nous avons montré, dans une douloureuse énumération, à combien on devait évaluer les pertes de toutes sortes qu'entrainait pour une nation la série ininterrompue de défaites et de revers résultant du manque de préparation, ou de la mauvaise conduite des opérations militaires.

Il nous reste maintenant à étudier l'ensemble et les détails des mesures financières qui peuvent être prises pour conjurer autant que possible le retour de pareils désastres. Il nous faut donc rechercher le moyen de disposer, ordinairement ou exceptionnellement, des ressources nécessaires, d'abord pour entretenir constamment l'armée en bon état de préparation, ensuite pour la mettre en action en présence de l'ennemi dans de bonnes conditions financières. C'est-à-dire que notre étude doit comprendre deux branches distinctes : en premier lieu, l'examen des améliorations à réaliser sur le budget annuel du ministère de la guerre; en second lieu, l'examen des ressources que l'on pourrait, en cas d'entrée en campagne, se procurer extraordinairement, soit par le développement du crédit, soit par la constitution préalable des *trésors de guerre*.

Nous avons démontré plus haut que, pour 1876, le budget ordinaire annuel du ministère de la guerre n'atteignait pas la cinquième partie du budget total de la France. Pour nous rendre compte de la possibilité d'augmenter ce chiffre proportionnel, il importe d'abord d'examiner succinctement les chiffres relatifs aux budgets des autres ministères.

Commençons par les départements ministériels qui n'ont que des relations très-indirectes avec les armées et avec la défense nationale. Le tableau ci-après indique, pour chacun de ces ministères, le

budget ordinaire de 1876 comparé à celui de 1869, lequel fut voté
en pleine période de calme et de fonctionnement habituel.

Ministères.	Budget 1869.	Budget 1876.
Justice.	36,080,550	33,690,890 fr.
Affaires étrangères	13,899,963	11,255,500
Intérieur et Algérie.	113,454,859	113,040,392
Finances (service général). . .	20,357,989	20,158,150
Instruction publique et cultes.	87,952,029	97,189,390
Agriculture et commerce . . .	16,454,673	18,404,100

Ainsi voilà six ministères dont les dépenses et les besoins ont à
peine changé depuis quelques années, malgré l'effroyable boule-
versement que la guerre et la Commune ont introduit dans notre
organisation et dans nos budgets. La diminution du personnel des
fonctionnaires et employés, qui résulte de la perte de l'Alsace-Lorraine, est venue compenser, à peu près exactement, sous le rapport
des dépenses, l'augmentation périodique des traitements dont nous
avons relevé ci-dessus la constante nécessité. On peut donc admettre,
sans crainte d'erreur, que l'ensemble des budgets de ces ministères,
dont le total s'élève à 293,738,422 francs pour 1876, présente une
grande fixité et n'est pas susceptible de fortes variations, au moins
dans le sens de l'augmentation.

Tout autre est le budget du ministère des travaux publics. On y
remarque des variations d'importance considérable d'une année à
l'autre. Ainsi le budget, ordinaire et extraordinaire, de ce ministère,
est, pour 1869, de 135 millions; pour 1870 (loi du 8 mai 1869), de
211 millions, et pour 1871 (loi du 27 juillet 1870), de 194 millions.
Mais, aussitôt après la guerre, les allocations éprouvent une dimu-
tion brusque ; le budget de 1872 ne s'élève plus qu'à 127 millions
et celui de 1873 à la même somme. Cependant, les besoins deve-
nant urgents par suite des désastres et des ruines causés par la
guerre, on se décide enfin à doter plus convenablement les travaux
publics, et en 1874 leur budget se relève à 161 millions, somme
égale à très peu près à celle qui est allouée et votée pour 1876.

En comparant ces chiffres budgétaires avec ceux du ministère de
la guerre pour les années correspondantes, on trouve que les allocations attribuées aux travaux publics représentent en 1869 les 35 pour
100 des dépenses militaires, qu'en 1870 [1] elles atteignent 61 p. 100

---

[1] Votées d'avance un an auparavant, le 8 mai 1869.

des dépenses de l'armée, tombent à 29 p. 100 en 1872 et 1873, se relèvent à 33 p. 100 en 1874, et enfin se fixent à peu près à 32 p. 100 en 1875 et 1876.

Ce n'est pas ici le lieu de discuter quelle est la nécessité des grands travaux publics et quelle doit être leur importance pour la prospérité de l'État. Nous sommes de ceux qui pensent que l'argent ainsi dépensé n'est qu'une sorte de placement largement rémunérateur, et que le contribuable, loin d'être appauvri par le paiement de l'impôt destiné aux travaux des routes, des chemins de fer ou des ports de mer, retire des sommes qu'il verse des avantages bien supérieurs à la perte pécuniaire qu'il éprouve. Mais sans entrer dans le débat approfondi de la question, nous admettrons cependant qu'il faut fixer une limite à ces dépenses publiques ; et puisqu'il est assez habituel aux publicistes de comparer les dépenses « fécondes » de la paix avec les dépenses militaires, dites improductives, nous ne voyons nul inconvénient, pour l'étude que nous poursuivons, à adopter ou à proposer pour ces dépenses un chiffre constamment proportionnel à celui du budget de l'armée. De la sorte, si nous demandons énergiquement, ainsi que nous le ferons plus loin, l'augmentation du budget du ministère de la guerre, on ne pourra pas nous accuser de sacrifier à celui-ci le développement des travaux publics et l'amélioration du domaine national, puisqu'il sera entendu que la même proportion devra constamment exister entre les budgets des deux ministères.

Cette proportion, d'après l'examen des chiffres ci-dessus, semble devoir être équitablement fixée à 35 p. 100. Ainsi elle est très-sensiblement supérieure à la moyenne relative aux années précédentes ; car, pour l'appréciation de notre moyenne, il faut mettre de côté l'année 1869-1870, dans laquelle le ministère de la guerre avait été complétement sacrifié, sans qu'on ait paru prévoir les conséquences funestes de cette réduction qui devaient, hélas! se manifester bien vite. Nous retiendrons donc ce chiffre de 35 p. 100, pour le relever dans notre récapitulation ultérieure.

Pour le ministère de la marine et des colonies, des considérations analogues pourraient être présentées. Nous en abrégerons l'exposition. Le budget de ce ministère, qui est de 176 millions en 1869 et de 179 millions en 1870, tombe à 144 millions en 1872, se relève à 152 millions en 1874, et enfin atteint 166 millions en 1876.

Son rapport proportionnel avec le ministère de la guerre est de 45 p. 100 en 1869 et de 46 p. 100 en 1870 ; il n'est plus que de 33 p. 100 en 1872, s'abaisse à 32 p. 100 en 1874, et enfin paraît se fixer à 33 p. 100 en 1875 et 1876.

Ce sont ces derniers chiffres qui nous semblent devoir être adoptés pour l'avenir. Si le ministère de la guerre avait un budget de 560 millions, celui de la marine serait, d'après cette proportion, doté de 186 millions. Avec un tel budget la marine française pourrait prétendre à un éclat et à un rôle qu'elle n'a jamais atteints, même à son époque la plus prospère, à la fin de la période impériale.

Après avoir relevé ainsi les chiffres d'ensemble des budgets des divers départements ministériels, il nous faut aussi faire entrer en ligne de compte dans notre estimation les plus grosses dépenses de l'État, celles dont le paiement incombe aux agents des finances et qui résultent de charges correspondant à des services rendus antérieurement.

Dans cette catégorie se rangent les rentes sur l'État, les pensions, les dotations, les annuités diverses. Leur total annuel s'élève pour 1876 à 1,182,312,281 fr., c'est-à-dire presque à la moitié du budget de l'État.

Voici comment, en chiffres ronds, se décompose cet énorme total :

Dette consolidée : Rentes annuelles 3 p. 100 sur l'État, 364 millions. — Rentes 4 et 4 1/2 p. 100, 38 millions. — Rentes, 5 p. 100, 346 millions. — L'ensemble de la dette consolidée exige ainsi plus de 784 millions par an, et nous avons vu que, sur ce dernier chiffre, plus de 385 millions de rentes résultent des emprunts accomplis pendant ou depuis la dernière guerre.

Puis, après les rentes perpétuelles, transmissibles, qui constituent une véritable propriété pour ceux qui la possèdent, viennent *les rentes viagères*, dont le service exige actuellement environ 122 millions par an. Ces rentes sont de deux natures assez différentes et comprennent : 1° les pensions militaires ou civiles allouées en récompense d'anciens services rendus ; 2° les rentes viagères pour la vieillesse, résultant de versements faits jadis dans les caisses de l'État par des dépositaires prévoyants. Les pensions seules constituent en réalité une charge pour le Trésor, et cette charge s'est accrue considérablement à la suite de la dernière guerre. Les pensions militaires dépassent maintenant 65 millions, c'est-à-dire qu'elles ont à peu près doublé d'importance depuis cinq ans.

Les *dotations* comprennent les traitements du Président de la République et des membres des pouvoirs législatifs, ainsi que les suppléments alloués aux caisses de la Légion d'honneur et des Invalides de la marine. Leur budget d'ensemble s'élève à 30 millions environ.

Enfin, *les annuités* aux départements, aux villes, aux chemins de fer, à la Banque, aux possesseurs de cautionnements ou de bons du Trésor, absorbent le surplus de cet énorme budget. La plupart de ces annuités, dont nous avons étudié ci-dessus l'origine et les périodes de remboursement, prendront fin à bref délai. Mais l'examen de notre histoire financière démontre qu'il est extrêmement probable qu'alors elles seront remplacées par d'autres, d'origine différente.

En résumé, toutefois, il est permis de croire que l'ensemble des charges actuelles relatives à la dette publique et aux dotations, représente pour longtemps un maximun qui ne sera pas dépassé. Au contraire même, les pensions, à cause des extinctions, se rapprocheront de ce qu'elles étaient avant la guerre. Les annuités diverses disparaîtront aussi peu à peu, ou du moins se réduiront sensiblement, si nos finances sont bien administrées. Il ne restera donc en somme, comme charges publiques, dans cette catégorie du budget, que 748 millions de rentes perpétuelles environ, 100 millions de rentes viagères, 30 millions de dotations, et peut-être 120 millions d'annuités et d'intérêt de la dette flottante, soit un milliard en tout.

Certains économistes prévoient même le cas où l'excédant de nos recettes deviendrait assez élevé, non-seulement pour que cette dette flottante et ses annuités s'éteignent, mais encore pour qu'il soit possible de commencer à rembourser les rentes perpétuelles. Nous ne saurions partager cette illusion, et, si le cas se présentait, nous considérerions comme déplorable un tel remboursement; car les rentiers, habitués à être débarrassés du souci de la gestion de leurs capitaux, et ne sachant comment en tirer bon parti, placeraient ceux-ci dans les emprunts étrangers ou les entreprises scabreuses à gros intérêts, et la nation serait tout simplement appauvrie par la disparition de capitaux, — prélevés à grand'peine par l'impôt sur la fortune publique, — allant s'engouffrer à l'étranger, sans espoir sérieux de remboursement ou de revenus perpétuellement assurés.

En récapitulant maintenant les sommes indiquant, en nombres ronds, la décomposition du budget de 1876, suivant les ministères ou les divers grands services, nous trouvons les chiffres ci-après :

	Millions.		Pour 100.
Ministère de la guerre.	500	soit environ	19
Ministère de la marine	166	—	6 1/2
Ministère des travaux publics. .	161	—	6
Les six autres ministères. . . .	294	—	11 1/2
Dette publique et dotations. . .	1,182	—	47
Frais de régie et de perception, non-valeurs[1], etc.	267	—	10

$$2,570$$

Or, d'après ce que nous avons dit plus haut, on peut considérer à peu près comme fixe et invariable la dépense nécessitée par les six ministères décomptés ensemble ; ou du moins, si ces ministères exigent une légère augmentation budgétaire, celle-ci peut être considérée comme compensée par la diminution probable des rentes ou pensions, à amortir par extinction dans le service de la dette publique et des dotations. Nous ne ferons donc porter notre étude au sujet des augmentations possibles et nécessaires que sur les troi ministères cités en première ligne ; et comme nous avons même admis que le ministère de la marine et celui des travaux publics devaient toujours absorber sur le budget une part directement proportionnelle à celle des dépenses militaires, — 33 p. 100 du budget du ministère de la guerre affectés à la marine, et 35 p. 100 attribués constamment aux travaux publics, — il en résulte que nous pouvons restreindre notre travail au seul examen de l'accroissement des dépenses militaires, l'augmentation totale qui en résultera pour le budget devant proportionnellement se calculer en conséquence.

---

[1] Ces frais généraux ou divers résultant de la perception des impôts ne sont pas proportionnels au chiffre des sommes recueillies. Ainsi, en 1869, sur un budget total de 1,740 millions, ils se montaient déjà à 237 millions. Donc en sept ans, quand le budget s'accroissait de 830 millions, ils n'ont augmenté que de 50 millions. En moyenne, on peut, pour l'avenir, estimer seulement à cette dernière proportion, soit à 3 1/2 p. 100 environ, la défalcation qu'il faudrait faire sur le produit de tout nouvel impôt à établir, pour représenter l'augmentation correspondante des frais de perception ; c'est-à-dire que si l'on augmentait, par exemple, les impôts perçus de 100 millions, les frais de perception s'élevant à 3 millions 1/2, les nouvelles taxes ne produiraient net que 96 millions 1/2, disponibles et utilisables pour les services des ministères.

Sur le chiffre total de 267 millions indiqué ci-dessus, les dépenses et achats des manufactures de l'État (tabac, poudres, etc.) comptent déjà pour 63 millions ; les postes et leurs subventions, pour 60 millions ; le personnel des douanes, pour 30 millions ; celui des contributions indirectes, pour 34 millions ; les remboursements et non-valeurs, pour 10 millions, etc.

VI

Les augmentations nécessaires du budget du ministère de la guerre.

La loi du 13 mars 1875, sur la constitution des cadres et des effectifs de l'armée, a donné lieu, depuis sa promulgation, à quelques critiques sérieuses; mais le plus grand reproche qu'on puisse lui faire, c'est de ne pas proportionner suffisamment les effectifs de paix à ceux de guerre, et par conséquent de risquer de compromettre autant la facilité de la mobilisation que la cohésion, la solidité, l'instruction des régiments. Ce défaut provient principalement de ce que, au cours des débats, on a été amené à introduire dans la loi la formation du quatrième bataillon d'infanterie, sans se décider à changer l'effectif d'ensemble des régiments. Il en résulte que les effectifs des unités inférieures ont été restreints sensiblement, et que la compagnie d'infanterie, par exemple, qui doit compter 250 hommes, sur le pied de guerre, se trouve réduite, en temps de paix, à 66 soldats et 16 sous-officiers, caporaux et hommes des cadres. La création des quatrièmes bataillons a, certes, de grands avantages; ces troupes ont leur emploi parfaitement indiqué en temps de guerre, comme troupes de seconde ligne ou de garnison, et il ne saurait être question maintenant de revenir sur la décision d'après laquelle ils ont été organisés; mais il est absolument nécessaire qu'il ne résulte pas de cette organisation un vice fondamental pour la solidité de l'ensemble de l'édifice militaire; il est indispensable de surélever, en temps de paix, l'effectif des compagnies, escadrons ou batteries.

En Allemagne, la compagnie d'infanterie compte, en temps de paix, 112 soldats, et en incorpore, en temps de guerre, 114 de plus; ce qui correspond à une proportion très-convenable.

En Russie, l'effectif d'une compagnie est de 100 hommes sur le pied de paix et de 180 sur le pied de guerre; de sorte que, dans une mobilisation, les compagnies n'augmentent leur effectif que de 80 p. 100, ce qui est encore préférable.

En Autriche, dans les compagnies d'infanterie, le pied de guerre comporte 210 hommes (caporaux et *gefreite* compris); le pied de paix, seulement 80; mais on admet en haut lieu que la mobilisation ne devant pas se faire sans difficultés, il faut remédier promptement à cet état de choses.

En Italie, enfin, la compagnie est forte de 104 hommes en temps de paix et de 205 hommes en temps de guerre. On voit que, chez ces quatre puissances, les proportions des contingents, quoique différentes entre elles, sont toutes cependant autrement mieux établies qu'en France, avec les cadres actuels[1].

En ce qui concerne les autres armes, des remarques analogues peuvent être faites, notamment pour la cavalerie. En Allemagne, il ne manque que 15 hommes par escadron pour atteindre au complet de mobilisation, et ces hommes pourraient être fournis immédiatement par le 5e escadron de chaque régiment. En Russie, l'effectif de l'escadron ne s'élève que de 112 à 128 au moment de la mobilisation. En Italie, de 122 cavaliers à 135. Pour l'artillerie, en Allemagne, il n'y a que 40 à 60 hommes à appeler par batterie, au moment de la mobilisation ; en Russie, le nombre d'hommes de l'artillerie s'augmente de 25 p. 100 seulement sur le pied de guerre ; en Autriche, de 63 p. 100, et en Italie, de 98 p. 100. Mais, en France, il faut plus que doubler les effectifs du pied de paix pour compléter les batteries au chiffre de mobilisation.

Ces proportions sont bien significatives, et cette unanimité d'opinion des puissances étrangères pour adopter des effectifs du pied de paix bien équilibrés avec ceux du pied de guerre, doit nous indiquer qu'il est non-seulement désirable, mais même absolument indispensable, d'augmenter en France le nombre des hommes entretenus sous les drapeaux en temps de paix.

Pour l'infanterie, sans atteindre au chiffre si élevé adopté en Russie (55 p. 100) pour les effectifs de paix, comparés à ceux de guerre, nous estimons que nous ne pouvons faire moins cependant que d'adopter les proportions usitées en Allemagne et en Italie (49 et 50 p. 100). D'après ces proportions, au lieu de 66 simples soldats dans chaque compagnie, il faudrait qu'il y en eût environ 100 en temps de paix. En tenant compte des compagnies de dépôt et des ressources qu'elles peuvent fournir, ce serait donc, dans chaque régiment d'infanterie, 480 hommes en plus qu'il faudrait entretenir constamment. Pour toute l'armée française (y compris l'armée d'Afrique, dont la situation est meilleure), on peut donc, en chiffres ronds, estimer à 70,000 hommes d'infanterie environ, le nombre de soldats qui devraient être maintenus sous les drapeaux en temps de paix, en sus des effectifs fixés par la loi des cadres, pour assurer aux régiments une bonne et solide situation, tant sous le rapport du développement de l'instruction que sous celui de la facilité de la mobilisation.

Pour la cavalerie, un calcul analogue indiquerait que les contingents du pied de paix devraient fournir en tout 100 hommes

---

en plus par régiment, et qu'il faudrait aussi 100 chevaux de plus.
Mais il y a en outre à noter que, dans l'état actuel, c'est sur
cette arme principalement et sur l'artillerie que portent les réductions d'effectifs accusés par la loi du budget de 1876, et dont nous
avons signalé l'importance dans la première partie de ce travail :
« L'effectif général entretenu présente sur celui de 1875 une dimi-
« nution de 28,227 hommes. L'exécution des lois que vous avez
« adoptées occasionne un excédant de dépenses de 11,344,739
« francs, dont il a fallu chercher la compensation dans des diminu
« tions d'effectif. (*Rapport à l'Assemblée nationale sur le budget
« de* 1876). » En réalité, pour toute l'arme, c'est donc de bien plus
de 7,700 hommes et 7,700 chevaux que devraient s'accroître les
effectifs entretenus.

Pour l'artillerie, le défaut résultant d'insuffisance d'effectif est encore bien plus sensible. Que peut-on faire, en temps de paix, dans
une batterie montée, avec 70 canonniers et 32 chevaux de trait ? En
tenant compte des indisponibles, on peut à peine atteler 4 voitures
à 6 chevaux, et ce chiffre n'est pas suffisant pour l'instruction de
troupes dont la mobilisation viendrait plus que doubler l'effectif. Du
reste, les tableaux que nous avons relevés dans les chapitres précé-
dents indiquent quel énorme chiffre de chevaux (plus de 95,000)
devrait, au moment d'une entrée en campagne, venir renforcer celui des animaux entretenus en temps de paix dans l'artillerie. De
toute manière, il faut donc surélever sensiblement le chiffre des
hommes et des animaux du pied de paix, et la plus forte augmentation sera celle qui vaudra le mieux. Comme il faut cependant limiter ses demandes en ce sens, nous estimerons seulement à 10 hommes et à 18 chevaux par batterie l'augmentation nécessaire pour
que l'instruction soit réellement possible, et pour qu'on puisse toujours, sur le polygone, atteler au moins 6 ou 7 voitures. Dans cette
hypothèse, chaque brigade d'artillerie devrait donc être renforcée
de 200 hommes environ et de 350 chevaux, c'est-à-dire que l'arme
entière, y compris le train, exigerait une augmentation d'à peu près
4,000 hommes et 7,000 chevaux.

En résumant les chiffres ci-dessus et en les augmentant légèrement, pour la part afférente aux autres armes, on voit que les effectifs de l'armée française, en temps de paix, devraient être surélevés
d'environ 85,000 hommes et 15,000 chevaux sur les fixations résultant des minimums attribués par la loi des cadres.

Le surcroît de dépense provenant de ces accroissements d'effectifs
se calcule facilement, en prenant pour base les chiffres indiquant la
moyenne annuelle de la dépense individuelle d'un soldat de chaque
arme, — savoir : infanterie, 396 fr. 69 ; cavalerie, 439 fr. 31 ; ar-

tillerie, 470 fr. 02, — et en se reportant aussi aux dépenses annuelles des chevaux, estimées en moyenne à 650 francs (savoir : nourriture et entretien, 545 francs environ ; dépréciation proportionnelle de l'animal, 1/8 du prix d'achat, soit 105 francs). Le calcul montrerait ainsi qu'une somme de 43 millions environ serait nécessaire pour l'entretien sous les drapeaux du supplément d'effectif que nous avons réclamé.

Mais il ne faut pas oublier, en outre, que l'effectif actuellement entretenu n'est même pas égal au minimum attribué par la loi des cadres, et que, pour limiter à 500 millions le total des dépenses militaires en 1876, on a dû encore réduire cet effectif si restreint. La somme d'environ 12 millions qui, cette année, a été économisée de la sorte, grâce à la déplorable réduction ainsi imposée, doit donc venir en augmentation des 43 millions ci-dessus indiqués. Enfin, il faut tenir compte aussi de quelques dépenses de matériel, de casernement et d'armement, nécessitées par cette surélévation, dépenses que nous pouvons estimer à 4 ou 5 millions au moins. En nombres ronds, on ne saurait donc évaluer au total à moins de 60 millions l'augmentation qui nous paraît non-seulement nécessaire, mais même indispensable, au budget du ministère de la guerre. La fixation du budget d'ensemble de ce ministère, avec les tarifs en vigueur, devrait donc être définitivement et ordinairement arrêtée à 560 millions.

D'après ce que nous avons dit ci-dessus, cette augmentation de 60 millions au ministère de la guerre correspondrait, en tenant compte des frais de perception, et aussi des accroissements qu'il est convenable d'attribuer simultanément à la marine et aux travaux publics, à une augmentation totale de 100 millions sur le budget d'ensemble de la République. La question est donc de savoir si, oui ou non, ces 100 millions peuvent encore, sans difficultés ni souffrances, être fournis par l'impôt, et si un tel prélèvement sur le revenu des contribuables peut être mis en balance avec les avantages qui résulteront pour la France du développement apporté à sa puissance militaire. La discussion que nous avons entamée dans la première partie de ce travail répond péremptoirement à cette question, et nous indique la conclusion que nous nous sommes efforcé de mettre en lumière. Nous y reviendrons plus loin.

VII

Les trésors de la Banque de France.

Après avoir pourvu, par l'établissement du budget ordinaire, aux dépenses militaires en temps de paix, il faut aussi se préoccuper de préparer l'organisation des moyens financiers indispensables pour mettre en àction les armées, s'il était nécessaire qu'elles entrassent en campagne.

Jadis, les puissances militaires constituaient à cet effet ce qu'on appelait des *trésors de guerre*, et les histoires des temps passés présentent sur ce sujet spécial plus d'une étude curieuse ou d'un document intéressant. Mais le temps est loin maintenant où Napoléon Ier, le général prévoyant par excellence, se bornait à constituer dans les caves des Tuileries un trésor de guerre de 20 millions en écus, au moment où il allait partir pour la campagne de Russie. De nos jours, à cause de la rapidité des opérations et des effectifs considérables mobilisés, — à cause surtout de l'adoucissement des mœurs et de la coutume adoptée généralement de solder les armées à l'aide des ressources tirées de leur propre pays, et non pas à l'aide du pillage réglé du pays envahi, — les dépenses de guerre sont bien différentes, et un trésor métallique de ueqlques izaines de millions semblerait tout à fait insuffisant pour parer même aux premières dépenses des armées en opération.

Cependant, nous n'ignorons pas que la Prusse, continuant les traditions du Grand Frédéric, persiste encore, à l'époque actuelle, à entretenir un trésor métallique, enfermé pour la majeure partie dans les souterrains de la citadelle de Spandau. Mais ce trésor a une importance relativement bien plus considérable que celle qu'il avait du temps des pères de l'empereur Guillaume, puisqu'il se monte, dit-on, à 325 millions.

En France, de tels préparatifs n'existent pas, et ce ne sont certes pas les économistes militaires qui en réclameront l'établissement ; car ils savent que, sans user de telles pratiques, aussi surannées que coûteuses, la nation française dispose à son gré, immédiatement, non pas de quelques millions, mais de plusieurs milliards. Cet avantage énorme que, seuls avec l'Angleterre, nous possédons sur les autres nations européennes, résulte de l'existence de la Banque de France, de son crédit et du merveilleux mécanisme de ses institutions.

On sait quelles sont les opérations habituelles accomplies par la Banque de France avec le commerce du monde entier. Le papier qu'elle émet, sous forme de billets, a cours partout et est reçu dans toutes les bourses et dans la plupart des caisses, absolument comme les métaux précieux qu'il représente. Cela tient à ce que la confiance inspirée par ce vaste établissement est, en quelque sorte, illimitée et inébranlable ; on n'ignore pas, du reste, que, dans les caves de la Banque, reposent effectivement plusieurs centaines de millions d'or et d'argent, qui représentent en partie les billets de banque lancés dans la circulation.

En temps ordinaire, l'Etat n'agit, vis-à-vis de la Banque, que comme un simple particulier. Il négocie avec elle ses emprunts, ses opérations de trésorerie, fait toucher ses traites à ses guichets, etc., absolument comme pourrait le faire un négociant ou un banquier quelconque. La Banque, de son côté, rembourse en métal, à bureau ouvert, tous les billets de banque qui lui sont présentés par les particuliers, ou fait l'opération inverse. Elle n'opère en somme, vis-à-vis du public, que comme un banquier ou un changeur de premier ordre, malgré le privilége qui lui permet d'émettre un énorme chiffre de billets au porteur sans intérêts.

Mais en temps de crise ou en temps de guerre, le rôle du Trésor public ou de l'Etat vis-à-vis de la Banque de France se modifie considérablement. Quand les caisses du Trésor sont vides et qu'il y a des besoins d'argent urgents pour le paiement des dépenses militaires ou des services publics, le gouvernement obtient de la compagnie le droit de puiser dans les caisses de la Banque et d'y prendre — moyennant des bons qu'il réglera ultérieurement — toutes les sommes qui lui sont nécessaires. Mais comme ces caisses se videraient rapidement de l'or qu'elles renferment si l'Etat venait y puiser à profusion et si les particuliers pouvaient en même temps demander le remboursement en or des billets de banque qu'ils détiennent, un acte souverain du pouvoir vient alors décréter le cours forcé des billets, et chacun est forcé d'accepter ceux-ci comme de la monnaie métallique. Dès lors, les guichets d'échange sont fermés, les particuliers gardent ou transmettent leurs billets, et l'Etat, de son côté, cessant de faire livrer par la Banque exclusivement des sacs d'or et d'argent, prend livraison des billets avec lesquels il paie ses soldats ou ses fournisseurs. La monnaie dite fiduciaire a remplacé en partie la monnaie métallique.

On conçoit qu'un tel système ne puisse avoir de valeur qu'à la condition de ne pas donner lieu à des abus. Si le fournisseur, le banquier, le commerçant acceptent le billet de banque pour une valeur à peu près égale à celle qui est imprimée sur le papier du billet, c'est parce qu'ils savent que le remboursement de ce papier ne saurait être mis en doute et que, tôt ou tard, les caisses de l'Etat ou de la Banque paieront en monnaie métallique, ayant cours partout, les billets temporairement émis à profusion. Quand, au contraire, il y a lieu de supposer que l'émission des billets a pris un développement exagéré, rendant incertaines les chances ultérieures de remboursement, la dépréciation de ce papier fiduciaire ne tarde pas à apparaître, puis à s'accentuer, et quelquefois, comme à l'époque des assignats, la perte sur la valeur nominale devient énorme.

Les exemples contemporains de ces dépréciations des billets des banques nationales ou particulières sont très-nombreux. C'est ainsi qu'aux Etats-Unis, pendant la guerre de la Sécession, à mesure que l'Etat émettait des *greenbacks*, autrement dit du papier à cours forcé tenant lieu de monnaie, la prime sur l'or s'accroissait sans cesse; quand, en 1867, l'émission du papier atteignit nominalement le chiffre énorme de 3 milliards 1/2 de francs, cette prime s'éleva à 246 p. 100, c'est-à-dire qu'un marchand qui mettait en vente un objet coté 246 francs, par exemple, préférait recevoir 100 francs en or que d'être payé en papier ayant cours légal et obligatoire. Des exemples analogues se sont présentés dans ces dernières années en Russie et en Italie. Un des plus remarquables est celui qui vient de se produire tout récemment, à la fin de 1875, en Turquie : le gouvernement turc, par un coup d'autorité, a décrété que, dorénavant, une partie de sa dette serait payée en papier; malgré les garanties apparentes attribuées au remboursement et aux intérêts de ce papier, une dépréciation énorme l'a frappé dès son apparition. Comme la confiance dans la solvabilité future du gouvernement turc n'a pu s'établir, on n'a voulu accepter ce papier dans les transactions honnêtes et volontaires qu'avec une dépréciation fort considérable, à cause des risques futurs de perte totale; et le malheureux porteur forcé de 100 francs en billets turcs ne peut échanger maintenant son papier discrédité que contre 27 ou 28 francs en argent ayant cours partout. La confiance — commercialement appelée le crédit — n'existe plus.

Le crédit d'une banque est donc un instrument délicat qu'on ne saurait manier qu'avec les plus grands ménagements. Ce qui a fait la fortune et le succès de la Banque de France, c'est que, depuis la création de cette institution, au commencement de ce siècle, la direction et l'administration de ce vaste établissement financier ont toujours présenté des gages sérieux de loyauté et d'habileté. Les écritures et les comptes sont tenus à jour et publiés chaque semaine avec ponctualité. Le public peut se rendre compte constamment de la situation réelle de la Banque, de l'importance des affaires engagées, du chiffre des fonds en caisse et du nombre des billets émis.

Pendant la dernière guerre, le gouvernement français a su n'user qu'avec modération des ressources immenses que lui offrait la Banque, et il a eu l'habileté de se servir de l'instrument dans une juste mesure, sans arriver à le fausser. Après avoir disposé de sommes considérables puisées dans les caisses de la Banque, il a préféré, lorsqu'il arrivait à la limite de l'émission du papier à cours forcé, et lorsque le billet allait commencer à subir l'inévitable dépréciation inhérente à tout papier-monnaie abusif, il a préféré, disons-nous, avoir recours à l'emprunt étranger, fût-ce à de gros intérêts, et il a contracté, avec la maison Morgan de Londres, cet emprunt si critiqué, mais si nécessaire, qui lui fournissait immédiatement les 250 millions en argent indispensables à la continuation de la guerre.

Grâce à cette prudence, le crédit de la Banque de France n'a jamais été atteint sérieusement, bien qu'on sût que l'État avait successivement puisé dans les caisses de l'établissement des sommes considérables dont le total s'éleva, pendant un moment, jusqu'à 1 milliard 530 millions, et bien que ces sommes fussent remplacées par des bons du Trésor produisant un minime intérêt, et seulement amortissables par annuités échelonnées de 1872 à 1879.

C'est la confiance seule du public qui maintenait, à cette époque, le billet de banque à son prix et à sa valeur nominale, car alors la garantie métallique renfermée dans les caves de l'établissement était bien faible et, par suite des emprunts du Trésor, n'était plus nullement en rapport avec les billets émis. Au 1er janvier 1871, il n'existait plus à la Banque que 496 millions en or ou en argent, tandis que 1,762 millions en billets — quatre fois plus — avaient été lancés dans la circulation.

Voici, du reste, à diverses époques, les chiffres comparés de la valeur des billets émis et des sommes en numéraire renfermées dans les caisses (nombres ronds) :

Années.		Billets au porteur.		Encaisse.	
1864. 1er janvier. .		807 millions. . .		176 millions.	
1866.	— . .	948	— . . .	427	—
1868.	— . .	1,187	— . . .	983	—
1870.	— . .	1,399	— . . .	1,220	—
1872.	— . .	2,421	— . . .	634	—
1874.	— . .	2,886	— . . .	766	—
1876.	— . .	2,438	— . . .	1,675	—

Le maximum de l'émission des billets se produisit le 31 octobre 1873, sous le coup des opérations de l'emprunt et du paiement des 5 milliards dus au vainqueur; il atteignit alors et dépassa 3 milliards de francs. Le maximum de l'encaisse, au contraire, semble n'avoir pas été atteint à la date actuelle, et malgré les fluctuations diverses, cet encaisse paraît devoir être encore dans la période ascendante.

Au 10 février 1876, il est de 1,735,715,416 francs.

En somme, voici quelle est, à l'heure présente, la situation de la Banque de France relativement au Trésor public et au concours financier qu'elle pourrait apporter à l'État dans le cas d'une guerre :

1º La situation générale de la Banque est bonne, ses opérations sont fructueuses, le chiffre de ses affaires avec le commerce augmente presque constamment, ainsi que l'indiquent ses bilans hebdomadaires et le chiffre d'émission de ses billets.

2º Des 1530 millions empruntés par le Trésor public pendant la guerre, il ne restera plus à rembourser que 600 millions après 1876. L'Etat, par les conventions des 3 juillet 1871 et 5 mai 1875, s'est engagé à achever de se libérer promptement en remboursant 300 millions en 1877 et 150 millions pendant chacune des années 1878 et 1879.

3º Le cours forcé des billets de banque, établi le 12 août 1870, et qui a fourni des ressources immenses au Trésor, soit pendant la guerre, soit pour les opérations ultérieures des emprunts, sera levé de plein droit le 31 décembre 1877.

4º L'encaisse métallique, qui dépasse sensiblement 1 milliard et demi, paraît être encore en voie de progrès, et ne semble pas de longtemps devoir être réduit sensiblement au-dessous de ce chiffre.

Dans ces conditions, s'il survenait une nouvelle guerre, la situation financière de la Banque lui permettrait de rendre d'immenses services au Trésor public. Le crédit de l'établissement étant resté intact, et s'étant même accru depuis la dernière guerre, il est probable que nulle dépréciation des billets ne serait à redouter, du moins au début. En maintenant ou en rétablissant le cours forcé, l'Etat pourrait donc se procurer de prime abord une somme énorme, qui pourrait peut-être s'élever jusqu'à deux milliards. En outre, pour payer certains créanciers, et pour les dépenses ou achats à effectuer à l'étranger, on pourrait au besoin disposer d'un milliard en or ou en argent, dès maintenant encaissé dans les réserves de la Banque. Et ces capitaux immenses, qui pourraient en quelque sorte être mis à la disposition du Trésor public dans l'espace de quelques heures pour les besoins d'une guerre, n'appartenant pas maintenant à l'Etat, n'éprouvent naturellement en temps de paix aucune perte d'intérêt à la charge de celui-ci. Il faut convenir que cette merveilleuse organisation laisse bien loin derrière elle, sous le rapport de l'importance et de la commodité, tout ce qui a été institué jusqu'ici comme trésor de guerre, aussi bien par les monarques d'autrefois que par les souverains qui détiennent onéreusement quelques centaines de millions à Spandau ou ailleurs.

VIII

Résumé et conclusions.

La richesse publique d'un Etat, le degré de fortune de ses habitants, comptent parmi les éléments principaux qui servent à estimer la puissance militaire effective de cet Etat. L'argent — le nerf de la guerre, comme disaient nos pères, — manifeste son influence sur les deux périodes caractéristiques de l'existence des armées : en temps de paix, il est nécessaire pour l'entretien complet et l'instruction développée de troupes suffisamment nombreuses ; en temps de guerre, il est indispensable pour subvenir aux besoins incessants de la lutte armée et pour assurer une conduite indépendante aux opérations militaires. La France, sous le rapport financier et économique, occupe une place exceptionnelle en Europe. Il est donc sage, il est utile, il est patriotique, de profiter de cette situation pour affecter aux dépenses des armées la plus grande part des ressources budgétaires disponibles ou réalisables, et pour donner à nos institutions et à nos forces militaires tout le développement qu'elles comportent.

Nous venons d'exposer avec quelques détails les prodigieux résultats de la perception des impôts en France dans ces dernières années. En 1875, l'accroissement a dépassé toutes les espérances. Grâce aux taxes nouvelles et à la plus-value imprévue des anciens impôts, nos revenus ont dépassé de plus de 170 millions ceux de l'année précédente, et sur ce chiffre 85 millions résultent de l'excédant inattendu des recettes indirectes sur les évaluations budgétaires faites quelques mois auparavant.

Il est évident que ces résultats indiquent une situation générale exceptionnellement prospère. Dans un Etat, quand les revenus des chemins de fer, de la poste, de l'enregistrement, des tabacs augmentent simultanément, c'est que l'ensemble du pays vit dans des conditions aisées, et que l'impôt est loin d'excéder les ressources disponibles chez l'habitant. Pour la France de 1876, une confirmation positive de ce fait est fournie par certains documents de statistique avec une précision incontestable : l'importation prépondérante de l'or et des métaux précieux montre que la consommation intérieure est moindre que la production, et que nous expédions à l'étranger l'excédant de nos denrées ou de nos marchandises ; la diminution continuelle des pertes et des frais de poursuite pour la perception des impôts indique que le contribuable n'est pas surchargé et qu'il paie sans souffrance la quote-part qui lui incombe pour les dépenses publiques ; enfin, le cours sans cesse ascendant des fonds publics et des bonnes valeurs de Bourse démontre que les économies disponibles de la nation vont constamment en s'augmentant, et que les revenus, toujours supérieurs aux dépenses, se capitalisent de plus en plus.

Et l'on ne saurait arguer que cette situation financière si favorable, cette exubérance d'argent si caractéristique, ne se manifestent qu'accidentellement par une réunion de circonstances éminemment propices en 1875, mais éphémères au fond, car en réalité l'année écoulée s'est présentée, pour divers motifs, sous un assez fâcheux aspect. Des inondations terribles, les progrès du phylloxera, les crises politiques fréquentes, des menaces sérieuses d'une invasion étrangère, ont dû évidemment exercer une influence sensible sur le travail et sur la production nationale. Donc, si nous arrivons à constater l'existence d'une richesse publique aussi évidente, c'est que notre pays poursuit, dans la voie de la fortune et de la prospérité matérielle, la marche progressive qu'il a commencée il y a environ quarante ans, et qui s'est accentuée périodiquement de plus en plus, malgré d'épouvantables bouleversements politiques ou sociaux.

Mais cette prospérité générale, ce bien-être acquis, cette richesse exceptionnelle, il faut les maintenir, il faut même chercher à les augmenter encore, si cela est possible. Non-seulement donc nous devons nous préparer à défendre nos milliards, qui pourraient, s'ils étaient mal protégés, exciter la convoitise de populations ou d'armées plus pauvres, mais encore nous devons désirer que la France tienne dans le monde le rang que lui assignent le nombre et l'intelligence de ses habitants; nous devons travailler à rendre son gouvernement assez fort et assez puissant vis-vis de l'étranger, pour qu'il puisse sauvegarder les intérêts nationaux partout où ils sont en jeu. Tant que nous serons exposés aux chances d'une guerre néfaste, tant que notre patrie ne sera pas garantie contre le pillage et le démembrement, tant que nous ne pourrons élever la voix en Europe pour maintenir au besoin nos droits lésés, notre situation ne sera que précaire, notre prospérité ne sera que trompeuse, notre fortune ne sera qu'éphémère.

Or, nous avons essayé de le démontrer plus haut, nos ressources financières elles-mêmes sont des armes dont nous devons nous servir pour atteindre le but que nous poursuivons. Nos effectifs du pied de paix sont disproportionnés avec les effectifs de mobilisation, il faut les surélever; il faut qu'ils atteignent, puis qu'ils dépassent ceux des puissances étrangères rivales. Notre matériel de guerre a été sérieusement atteint : il faut le reconstituer et le compléter, il faut apporter à notre armement tous les perfectionnements dont il est susceptible, et posséder constamment les armes et les engins les plus perfectionnés. Bref, sur le pied de paix, c'est à coups de billets de banque que nous devons lutter avec l'adversaire. C'est sur le terrain financier, où nous lui sommes incontestablement supérieurs, que nous devons l'attendre et le battre, s'il le faut absolument.

Du reste,—nous l'avons indiqué par des chiffres concluants, — la tâche n'est pas tellement lourde que nous ne puissions l'entreprendre. En Allemagne, en Russie, en Italie, les effectifs entretenus du pied de paix atteignent environ à la moitié des effectifs du pied de guerre pour l'infanterie, et aux deux tiers pour la cavalerie et

l'artillerie, tandis qu'en France, avec les budgets actuels, nous restons bien au-dessous de ces proportions, et nos effectifs dérisoires
n'assurent ni le développement complet de l'instruction, ni la rapidité absolue de la mobilisation. Pour apporter remède à cette
situation défectueuse et à cette regrettable infériorité, pour entretenir sous les drapeaux un effectif permanent, capable d'assurer la
solidité et l'ancienneté des cadres, la confiance et l'instruction des
soldats, la cohésion de l'ensemble, nous avons vu qu'une somme
d'environ 50 millions devrait être ajoutée à notre budget normal du
ministère de la guerre. Dans notre situation économique générale,
qu'importent pour nous ces quelques millions d'accroissement,
quand de leur allocation annuelle peut dépendre, à un moment
donné, le succès d'opérations de guerre dont les conséquences se
traduisent par des milliards ! D'ailleurs n'est-on pas fondé à présenter aux contribuables un tel prélèvement sur la fortune publique
comme une sorte de *prime d'assurance* annuelle destinée à prévenir
l'invasion, la ruine et le démembrement ?

Sans doute il est pénible de penser que, chaque année, un grand
nombre de jeunes hommes sont entretenus à frais communs dans des
casernes pour y exercer le métier militaire, et cessent ainsi en apparence de concourir au travail général, à l'œuvre de production
nationale. Mais il faut s'y résigner. Si nous ne voulons plus avoir
en majorité des soldats de dix-huit mois de service et des compagnies de vingt hommes sur le terrain de manœuvres; si nous voulons
reconstituer nos régiments comme ils l'étaient il y a quinze ans,
avec des soldats faits et réellement instruits, avec des cadres
inflexibles au quartier et inébranlables à la guerre, il faut se soumettre à des sacrifices, supportables en somme. D'ailleurs, pendant
leur passage de quelques années sous les drapeaux, ces jeunes soldats y apprendront sans doute autre chose que l'exercice des armes;
ils pourront et devront y compléter leur instruction, y prendre
l'habitude de la discipline, de l'ordre, du dévouement; si l'on veut
bien y travailler, leur moral se formera comme leur corps. Ces résultats si favorables pour le développement politique et social de la
nation sont-ils donc tant à dédaigner ?

Quant à la question de dépenses, encore une fois elle ne nous
arrête pas, vu notre situation financière et l'état de notre production générale. Cet état est tel maintenant en France, que les considérations budgétaires sont en quelque sorte d'ordre secondaire.
Nous pouvons du reste mieux le faire comprendre en présentant
notre proposition sous cette autre forme : non-seulement le travail
de la plupart des jeunes gens valides de 20 à 25 ans n'est pas indispensable au bien-être de la société, mais encore la nourriture, l'entretien complet de ces mêmes jeunes gens peuvent être supportés

sans gêne ni souffrances par la masse des habitants, dans un but de défense commune et de préservation militaire. La fécondité du sol, l'outillage et l'expérience des producteurs, les capitaux acquis sont maintenant suffisants en France pour atteindre ce résultat. Ce qui revient à dire que dorénavant le père de famille, au lieu de se borner comme autrefois à élever ses garçons jusqu'à l'âge de leur virilité, devra encore continuer à entretenir ceux-ci à ses frais pendant les quelques années où ils sont dans la plénitude de leurs forces, afin de les employer à concourir à la défense générale et à la conservation extérieure; et la situation économique de la France est assez florissante pour que cette charge soit imposée maintenant à ce père de famille, sans crainte qu'il ne puisse la supporter, et qu'elle n'excède la limite de ses ressources. Les chiffres le démontrent péremptoirement.

En résumé, la France est riche, très-riche. Si elle le veut, elle peut, en y consacrant chaque année une meilleure part de ses revenus et du travail de ses habitants, développer graduellement ses armées et sa puissance militaire, assurer l'instruction et la solidité de ses troupes, rendre son territoire en quelque sorte invulnérable. Ce n'est pas sans un certain orgueil que nous avons constaté que, seule en Europe, notre patrie peut à son aise disposer actuellement des capitaux nécessaires, soit pour entretenir des armées nombreuses sur le pied de paix, soit pour subvenir aux dépenses énormes immédiates résultant de l'état de guerre. Espérons donc que les législateurs et les publicistes, auxquels incombent le soin et la responsabilité de décider de l'importance de nos armements, admettront la nécessité d'augmenter en temps de paix l'effectif de nos soldats, le nombre de nos chevaux, la quantité de notre matériel, et que, — mettant en regard les misérables économies qu'on pourrait réaliser peut-être, avec les immenses pertes de la dernière guerre, dont nous avons achevé la douloureuse énumération, et dont le total monte à plus de dix milliards, — considérant que notre budget militaire n'atteint pas la cinquième partie de notre grand budget national, proportion bien inférieure à celle qui est admise en Russie, en Italie, en Autriche, en Allemagne, — ils n'hésiteront pas, par raison, par prévoyance, par patriotisme, à doter plus largement le budget annuel du ministère de la guerre, et à assurer ainsi la prospérité et la puissance des armées de la France.

TABLE.

Paris. — Imprimerie de J. DUMAINE, rue Christine, 2.